U0953389

人民法院
少年法庭四十年
大事记

1984－2024年

最高人民法院·编

人民法院出版社

图书在版编目（CIP）数据
人民法院少年法庭四十年大事记 : 1984—2024年 / 最高人民法院编. -- 北京 : 人民法院出版社, 2024. 11. -- ISBN 978-7-5109-4290-7
Ⅰ. D926.82
中国国家版本馆CIP数据核字第2024JY6241号

人民法院少年法庭四十年大事记（1984—2024年）
最高人民法院　编

责任编辑　尹立霞
执行编辑　叶　白
封面设计　尹苗苗
出版发行　人民法院出版社
地　　址　北京市东城区东交民巷27号（100745）
电　　话　（010）67550635（责任编辑）
　　　　　67550558（发行部查询）　65223677（读者服务部）
客服QQ　2092078039
网　　址　http：//www.courtbook.com.cn
E－mail　courtpress@sohu.com
印　　刷　北京瑞禾彩色印刷有限公司
经　　销　新华书店

开　　本　880毫米×1230毫米　1/16
字　　数　227千字
印　　张　14.5
版　　次　2024年11月第1版　2025年3月第2次印刷
书　　号　ISBN 978-7-5109-4290-7
定　　价　128.00元

版权所有　侵权必究

《人民法院少年法庭四十年大事记》

编辑委员会

主　任　邓修明

副主任　杨临萍　贺小荣

委　员　林文学　陈宜芳　余茂玉

编辑部

主　编　贺小荣

副主编　陈宜芳　蔡金芳

编　辑　江继海　赵俊甫　岳　琳　于　蒙

江　媞　倪俊龙　徐　上

前言

PREFACE

为全面回顾40年来人民法院少年法庭从创立到改革发展的历程，认真总结40年来人民法院少年法庭在各项工作中取得的经验和成果，最高人民法院决定编写《人民法院少年法庭四十年大事记（1984—2024年）》（以下简称《大事记》），邓修明常务副院长担任编委会主任，多次对编辑工作作出重要指示，并审核《大事记》文稿。

《大事记》的起止时间为1984年10月至2024年10月，客观地记述了自1984年上海市长宁区人民法院建立我国第一个少年法庭以来，最高人民法院及地方各级人民法院少年法庭在贯彻落实党中央的决策部署、组织机构和队伍建设、召开重要会议、出台有关司法文件、对外交流合作等方面的重要活动和重大事件。40年来，人民法院对未成年人司法保护工作高度重视，积极促进少年法庭工作的规范发展，勇于探索，努力实践，为建立和完善中国特色社会主义少年司法制度作出了不懈努力。

全书分最高人民法院篇和地方法院篇两部分。第一部分：最高人民法院篇，时间跨度为1984年至2024年，以自然年度顺序为列记事，记载了最高人民法院少年法庭工作各方面的重要司法活动和重大法治事件。第二部分：地方法院篇，按现行法院机构设置分设北京市、天津市等32个部分，收录了各地少年法庭工作中具有里程碑意义的重大案、事件，每部分均以自然年度顺序为列记事。

编写这本《大事记》，我们本着实事求是、客观准确的科学态度，力求用详细的事实资料全面、完整地反映40年来人民法院少年法庭工作各方面的历史脉络，希望关心关爱未成年人的社会各界了解、支持人民法院少年法庭工作，激励全体少年审判法官不忘初心、砥砺前行，在新的历史征程中，继往开来，守正创新，不断为未成年人健康成长，为维护家庭和谐社会稳定作出更大贡献。

由于编写内容时间跨度大、涉及面广，编写工作时间紧张，编写人员水平有限，尽管我们付出了很多努力，但是疏漏之处在所难免，敬祈广大读者不吝指正。

《人民法院少年法庭四十年大事记（1984—2024 年）》
编委会
二〇二四年十月

目录

CONTENTS

第一部分　最高人民法院篇

最高人民法院篇

1984年10月　我国第一个专门审理未成年人刑事案件的“少年犯合议庭”[①]在上海市长宁区人民法院成立，开创了我国少年法庭工作先河。

1986年8月　《中国法制报》《人民日报》及其海外版先后对首个“少年犯合议庭”进行报道。时任最高人民法院院长郑天翔、副院长任建新作出重要批示肯定上海经验。

1988年5月　最高人民法院在上海市召开全国法院审理未成年人刑事案件经验交流会，正式向全国推广少年法庭工作经验，明确提出“成立少年法庭是刑事审判制度的一项改革，有条件的法院可以推广”。这是最高人民法院首次召开有关少年法庭工作的全国性会议，标志着少年法庭工作由局部试点转变为全国推广。

1988年7月　上海市长宁区人民法院正式成立独立建制的少年刑事审判庭。继上海首创之后，江苏、北京、福建等省市相继开启少年法庭改革探索，并随之在全国范围内拓展开来，少年法庭开始成为人民法院审判工作不可或缺的组成部分。

---

① 书稿多处提到“少年犯合议庭”，这为当时该合议庭的叫法，1991年后已陆续改变名称。

1990年6月　　全国六个高院建立了少年法庭，另有十四个高院设立了少年法庭指导小组。京津沪三市的中、基层人民法院均已建立少年法庭。

1990年9月　　最高人民法院在江苏省南京市召开第二次全国少年刑事审判工作会议，进一步推动少年法庭工作的开展。

1991年1月　　最高人民法院发布《关于办理少年刑事案件的若干规定（试行）》，规范了人民法院审理未成年人刑事案件的基本原则与办案程序。这是在总结少年法庭经验基础上制定的第一部办理未成年人刑事案件程序的司法解释，标志着全国少年法庭工作走上规范化、制度化轨道。

1991年4月　　最高人民法院与教育部、共青团中央、全国妇联、全国总工会等部门联合发布《关于审理少年刑事案件聘请特邀陪审员的联合通知》，建立了“社会一条龙”① 工作制度。

1991年6月　　最高人民法院与最高人民检察院、公安部、司法部联合发布《关于办理少年刑事案件建立互相配套工作体系的通知》，建立了“政法一条龙”② 工作制度。

1991年8月　　全国第一个独立建制的未成年人案件综合审判庭在江苏省常州市天宁区人民法院成立。将受理案件范围从未成年人刑事案件，扩大到涉及未成年人保护的民事、行政案件。

---

① “社会一条龙”是指在党委领导下，公、检、法、司紧密配合，协同工青妇、教育、民政和社会组织等部门，畅通信息，协调工作，共同参与未成年人保护和犯罪预防。书中凡出现该表述，以此注释为准。

② “政法一条龙”是指在党委领导下，公安机关、人民检察院、人民法院、司法行政部门分别建立专门机构或者指定专人办理少年刑事案件，各司其职、相互配合、相互制约的工作体系。书中凡出现该表述，以此注释为准。

1992 年 11 月

最高人民法院在上海市召开未成年人犯罪和预防、审判和矫治国际研讨会。三十多个国家和地区的法律专家、法官、检察官、律师、联合国有关机构的代表及我国部分省市的少年案件审判人员出席会议。这是我国司法界首次举办的有关少年司法工作的国际性会议。

1993 年 11 月

最高人民法院发布《关于审理离婚案件处理子女抚养问题的若干具体意见》，为人民法院审理离婚案件处理子女抚养问题提供了具体的指导性意见。

1994 年 5 月

最高人民法院在河北省石家庄市召开全国部分省市法院少年审判工作座谈会。

1994 年 7 月

最高人民法院专门设立少年法庭指导小组，并下设办公室，负责指导全国法院少年法庭工作，标志着少年法庭工作正式纳入最高人民法院监督指导体系。

1994 年 11 月

最高人民法院召开电话会议，对全国五十六个少年案件审判工作先进集体和一百二十九名先进个人予以通令嘉奖，进行表彰。

1995 年 5 月

最高人民法院发布《关于办理未成年人刑事案件适用法律若干问题的解释》，这是第一部办理未成年人刑事案件适用刑法的司法解释。

最高人民法院在福建省福州市召开全国第三次少年法庭工作会议。回顾总结十年来取得的主要成绩和经验，对少年法庭机构设置、工作范围等问题进一步加以规范，提出了“应当按照需要和可能设置机构”的指导性意见。会后发布《全国法院少年法庭工作会议纪要》，提出“巩固、加强、充实、规范、提高、发展”的十二字少年法庭工作方针。

1996 年　最高人民法院启动未成年人刑事审判方式改革试点工作，依据修正后的《刑事诉讼法》，对原有未成年人刑事案件审判方式予以进一步完善。

1996 年 8 月　最高人民法院少年法庭指导小组发布《关于按修正后的刑事诉讼法审理未成年人刑事案件进行试点的通知》，在全国确定了六个省、市的八个法院作为试点。

1996 年 11 月　最高人民法院参加国际少年与家庭法院法官协会在瑞士举办的第二届儿童权利国际研讨会。

1997 年 5 月　最高人民法院在河南省洛阳市召开全国部分法院少年法庭审判方式试点工作座谈会。

1998 年 5 月　江苏省连云港市新浦区、海州区人民法院率先在我国设立未成年人刑事案件指定管辖审判庭，对未成年人刑事案件实行集中审理。随后，上海、黑龙江、山东、福建、河南等地法院也开始了设立未成年人刑事案件指定管辖审判庭的尝试。

1998 年 8 月　最高人民法院在四川省成都市召开全国法院第四次少年法庭工作会议，对少年法庭开展的未成年人刑事审判方式改革试点工作进行了总结。会议强调，各中级人民法院应当建立专门合议庭，有条件的应当建立独立建制的未成年人刑事审判庭。

1999年3月

最高人民法院和共青团中央联合开展创建优秀青少年维权岗活动，发布《关于成立全国法院系统创建优秀“青少年维权岗”活动领导小组的通知》。

1999年4月

最高人民法院和共青团中央在福建省联合举行首批全国法院系统优秀“青少年维权岗”命名大会，标志着全国创建优秀“青少年维权岗”活动全面启动。八家法院被命名为“全国青少年维权岗”。

1999年8月

最高人民法院发布《关于认真学习和贯彻中华人民共和国预防未成年人犯罪法的通知》。

2000年3月

最高人民法院与最高人民检察院、公安部、民政部、司法部、全国妇联联合发布《关于打击拐卖妇女儿童犯罪有关问题的通知》。

2000年4月

最高人民法院发布《关于严厉打击侵害未成年人犯罪活动依法保障未成年人合法权益的通知》，要求各级法院进一步做好涉及未成年人权益案件的审判工作。

最高人民法院成立“未成年人司法保护课题调研小组”，形成《关于未成年人司法保护课题的调研报告》，首次提出我国设立少年法院的设想。

2001年1月

最高人民法院在黑龙江省召开指定管辖试点经验交流会。

2001年4月

最高人民法院根据修正后的《刑事诉讼法》，重新修改发布《关于审理未成年人刑事案件的若干规定》。

2001年8月　全国部分法院少年法庭工作研讨会在江苏省召开。江苏、河南、福建、浙江等地多家法院从事少年审判工作的人员参加了会议。

2001年11月　最高人民法院和共青团中央联合对全国法院系统的六十六个单位授予了“全国青少年维权岗”的称号。

最高人民法院向全国人大常委会、内司委、法工委、中央综治办等部门报送了《关于在上海市设立少年法院试点的建议函》。

2001年12月　最高人民法院参加全国人大内司委、共青团中央联合召开的《未成年人保护法》颁布十周年座谈会。

2002年4月　最高人民法院组织全国法院少年法庭参加中国青少年犯罪研究会举办的首届“青少年犯罪研究先进集体”和第二届“青少年犯罪研究会会员优秀论著奖”的评选活动。全国共有十六个少年法庭被评为“全国青少年犯罪研究先进集体”。

2002年7月　最高人民法院参加联合国儿童基金会在泰国举办的亚太地区少年司法人员培训班，宣传我国未成年人司法保护工作。

2002年9月　最高人民法院与共青团中央联合发布《关于印发全国法院系统优秀“青少年维权岗”职责、考核标准及奖励办法的通知》。

最高人民法院与共青团中央、中央综治办、最高人民检察院、公安部、司法部、劳动保障部、国家广电总局、国家工商总局、国家质检总局、新闻出版总署联合发布《关于印发全国优秀“青少年维权岗”创建、评比、表彰、考核及管理办法（试行）的通知》。

2002 年 10 月　最高人民法院参加在澳大利亚召开的国际少年与家庭法院法官协会第十六届大会。

2003 年 6 月　最高人民法院向全国人大常委会执法检查组提交《关于人民法院贯彻实施〈中华人民共和国未成年人保护法〉和〈中华人民共和国预防未成年人犯罪法〉情况的报告》。

2003 年 7 月　最高人民法院与全国妇联等十四家单位联合发布《关于表彰全国维护妇女儿童权益先进集体和先进个人的决定》，并在京召开电视电话表彰会。全国法院系统共有八家人民法院或少年法庭、二十七名法官受到表彰。

2003 年 8 月　最高人民法院在《关于司法体制改革的建议方案》中，将设立少年法院作为人民法院司法体制改革的一项重要建议。第十届全国人大常委会第四次会议通过的《全国人大常委会执法检查组关于检查〈中华人民共和国未成年人保护法〉实施情况的报告》，首次提出了在有条件的大城市可以进行少年法院试点工作的建议。

2003 年 11 月　最高人民法院与中央综治委、最高人民检察院、公安部、教育部、司法部联合发布《关于规范兼职法制副校长职责和选聘管理工作的意见》。

2003 年 12 月　时任最高人民法院院长肖扬视察山西省晋中市榆次区女子法庭，并为女子法庭题词。

2004 年

中发［2004］21 号文件转发了《中央司法体制改革领导小组关于司法体制和工作机制改革的初步意见》，将“改革和完善未成年人司法制度”列为司法体制和工作机制改革的一项任务，由最高人民法院牵头进行。明确提出“人民法院逐步设立审理未成年人犯罪案件和涉及未成年人权益保护案件的机构”的要求。

2004 年 3 月

最高人民法院发布《关于落实并推动最高人民法院重点联系的“青少年违法犯罪社区预防计划”实施试点街道（社区）工作的通知》，由黑龙江省哈尔滨市道里区人民法院、山东省青岛市市南区人民法院、新疆生产建设兵团农八师中级人民法院作为具体指导的三个试点单位，初步建立预防青少年违法犯罪工作机制。

2004 年 4 月

最高人民法院参加中央综治委在上海市召开的全国预防青少年违法犯罪暨学校及周边治安综合治理工作会议并发言。

2004 年 8 月

最高人民法院与共青团中央等十一家单位联合发布《关于表彰 2002、2003 年度全国优秀“青少年维权岗”及创建活动突出贡献奖和先进个人的决定》。法院系统共有五十九个集体、三十名个人获奖。

2004 年 10 月

最高人民法院和中国关工委、中国女法官协会、日中育儿研究会等机构在北京联合举办预防、教育、挽救——法官与儿童·少年法庭工作国际研讨会。这是由最高人民法院召开的第二次少年司法制度国际研讨会。

2004 年 12 月

值少年法庭创建二十周年，最高人民法院对全国少年法庭三十五个先进集体和四十名先进个人进行了表彰。

2005 年

最高人民法院研究室被评为“2001—2004 年全国社会治安综合治理优秀单位”。

最高人民法院与中央综治委预防办共同开展对预防青少年违法犯罪先进集体和个人的表彰工作，其中对法院系统的十个先进集体和十三名先进个人进行了表彰。

2005 年 4 月

最高人民法院发布《最高人民法院少年法庭指导小组关于不再开展暂缓判决、监管令和社会服务令探索工作的通知》。

2005 年 6 月

最高人民法院少年法庭指导小组在江西省井冈山市召开全国部分地区法院少年法庭工作座谈会。

2005 年 7 月

最高人民法院少年法庭指导小组在山东省青岛市召开全国部分地区法院少年法庭工作座谈会。

2005 年 8 月

人民法院报社与河南省高级人民法院联合举办“少年审判与构建和谐社会”论坛。

最高人民法院与共青团中央、中央综治委预防青少年违法犯罪工作领导小组办公室、最高人民检察院、教育部、公安部、司法部、卫生部、新闻出版总署联合发布《关于命名首批“为了明天——全国青少年自我保护教育基地”的决定》。法院系统有七家法院或法庭荣获首批“为了明天——全国青少年自我保护教育基地”称号。

2005年9月

人民法院报社与北京市海淀区人民法院在北京市法官进修学院共同举办少年·和谐社会的希望——少年司法回顾与展望研讨会，来自全国十二个省市三十多家法院从事少年司法工作的法官及多名法学专家、学者参加了研讨会。

2005年10月

最高人民法院发布《人民法院第二个五年改革纲要》，对少年法庭改革提出了明确要求：完善审理未成年人刑事案件和涉及未成年人权益保护的民事、行政案件的组织机构，在具备条件的大城市开展设立少年法院的试点工作，以适应未成年人司法工作的特殊需要，推动建立和完善中国特色少年司法制度。

2006年1月

最高人民法院发布《关于审理未成年人刑事案件具体应用法律若干问题的解释》，对审判未成年人刑事案件准确理解适用刑法、切实贯彻“教育、感化、挽救”方针和“教育为主、惩罚为辅”原则，提供了具体依据。

最高人民法院参加全国维护妇女儿童权益协调组第五次全体会暨“维权贡献奖”表彰会，其中法院系统有三十八个集体和三十一名个人荣获表彰。

最高人民法院与民政部、中央综治委预防青少年违法犯罪工作领导小组、中央综治办、中央文明办、中央编办、最高人民检察院、发展和改革委、教育部、公安部、司法部、财政部、劳动保障部、铁道部、交通部、卫生部、共青团中央、全国妇联、中国残联联合发布《关于加强流浪未成年人工作的意见》。

2006 年 2 月

最高人民法院在广东省广州市召开全国法院第五次少年法庭工作会议，启动了少年审判制度改革工作。会议全面回顾总结了 1998 年全国法院第四次少年法庭工作会议以来少年法庭工作经验、成绩和问题，将加强合议庭模式的少年法庭机构建设及中级人民法院少年法庭机构建设，确立为当前推动我国少年法庭组织机构建设的重点。会议还组织全国三十二个高级法院开展少年法庭工作成果展示活动。

2006 年 3 月

最高人民法院与民政部、中央综治办、发展和改革委、教育部、公安部、司法部、财政部、劳动保障部、建设部、农业部、卫生部、国家人口计生委、共青团中央、全国妇联联合发布《关于加强孤儿救助工作的意见》。

2006 年 5 月

最高人民法院与澳大利亚人权与机会平等委员会开展少年司法制度建设交流项目，并组团赴澳大利亚考察少年司法制度，与澳方政府官员、法官、检察官、警察、律师、学者、法律服务工作者等人士，就有关少年司法问题进行了广泛交流和讨论。

2006 年 6 月

人民法院报社与上海市高级人民法院联合举办中国特色少年司法制度与少年审判组织机构理论研讨会。

2006 年 7 月

最高人民法院在黑龙江省哈尔滨市召开全国部分中级人民法院设立未成年人案件综合审判庭试点工作会议，就试点工作进行部署。

2006 年 8 月

最高人民法院少年法庭指导小组及部分省市少年法庭法官，赴澳门参加青少年违法犯罪现况及理论学术研讨会。

最高人民法院少年法庭指导小组在新疆维吾尔自治区石河子市召开“青少年违法犯罪社区预防计划”试点工作座谈会，并实地考察试点单位。

最高人民法院发布《关于在部分中级人民法院开展设立独立建制的未成年人案件综合审判庭试点工作的通知》，确定了十七个中级人民法院作为试点单位，设立独立建制的未成年人案件综合审判庭。《通知》还明确了少年审判庭的设置和人员配备、受理案件范围及编号等事项。少年法庭综合审判试点工作由此拉开序幕。

最高人民法院发布《关于人民法院为建设社会主义新农村提供司法保障的意见》，进一步强调在审理婚姻家庭、继承、抚养以及相邻关系等普通涉农民事纠纷过程中，要切实保护妇女、老人和未成年人的合法权益。

2006 年 9 月

最高人民法院与共青团中央、中央综治办、最高人民检察院、教育部、公安部、民政部、司法部、劳动保障部、国家工商总局、国家质检总局、国家广播电影电视总局、新闻出版总署联合发布《关于深化创建优秀“青少年维权岗”活动的意见》《关于表彰 2004、2005 年度全国优秀“青少年维权岗”的决定》，法院系统有七十五家法院或法庭被评为全国优秀“青少年维权岗”。

最高人民法院组团赴北爱尔兰参加国际少年与家庭法院法官协会第十七届理事会。

2006 年 11 月

最高人民法院在四川省成都市召开全国部分中级人民法院设立独立

建制的未成年人案件综合审判庭试点工作座谈会，听取十七家试点中院汇报关于筹建独立建制的未成年人案件综合审判庭的情况。

2006年12月

最高人民法院作出《关于批准未成年人案件综合审判庭试点工作方案有关事项的批复》，进一步明确了未成年人案件综合审判庭受理案件范围及案件编号等问题。

2007年1月

中央司法体制改革领导小组正式批准以最高人民法院党组名义起草的包括公检法司四个部门改革内容的《未成年人司法制度改革方案》。

2007年3月

最高人民法院少年法庭指导小组办公室与中央综治委、教育部、共青团中央等部门联合摄制预防青少年违法犯罪法治教育电影《青涩记忆》，影片反映了预防青少年违法犯罪和未成年人保护中的突出问题及开展的相关工作。

2007年4月

最高人民法院党组向中央司法体制改革领导小组第一次报送《关于改革和完善未成年人司法制度工作方案有关问题的请示》，积极推进未成年人司法制度改革。

最高人民法院与共青团中央发布《关于命名和认定2006年度法院系统全国青年文明号的决定》，决定命名十一个青年集体、继续认定五十三个青年集体为2006年度全国“青年文明号”。

最高人民法院与澳大利亚人权与机会平等委员会，在江苏省苏州市共同举办中澳少年司法制度研讨会。来自澳大利亚少年司法实务领域的专家、国内中央机关相关部门代表、学者以及部分高中基层人民法院的少年法庭庭长参加研讨。

2007年5月

最高人民法院召开包括最高人民检察院、公安部、司法部相关司局参加的落实未成年人司法制度改革任务有关问题协调会。

最高人民法院在广东省广州市召开全国部分法院少年法庭工作座谈会。会议围绕执行最高人民法院《关于审理未成年人刑事案件的若干规定》《关于审理未成年人刑事案件具体应用法律若干问题的解释》的有关情况，审理未成年人民事、行政案件中存在的问题以及各试点中院开展试点工作等情况，进行了探讨和交流。

最高人民法院参加中央综治委预防青少年违法犯罪工作领导小组召开的贯彻实施《未成年人保护法》座谈会。

2007年7月

最高人民法院与共青团中央、中宣部、中央综治办、中央文明办、最高人民检察院、发展和改革委、教育部、公安部、民政部、司法部、财政部、劳动保障部、文化部、卫生部、国家工商总局、新闻出版总署、国家食品药品监督管理局、国务院法制办、全国妇联、中央综治委预防青少年违法犯罪工作领导小组联合发布《关于贯彻未成年人保护法实施“未成年人保护行动”的意见》。

最高人民法院向中央政法委办公室报送《关于设立少年法院可行性问题的研究报告》。

2007年9月

最高人民法院影视中心拍摄电影《无梦之年》，以留守儿童为主题，围绕法官保护关爱未成年人的故事，反映广大留守儿童的教育、生活现状，呼吁社会各界关心关爱未成年人。

最高人民法院拍摄宣传保护未成年人权益、预防未成年人违法犯罪影片《虚实之间》。

2007年10月　最高人民法院根据中央司改办反馈意见，向中央司法体制改革领导小组第二次报送《关于改革和完善未成年人司法制度工作方案有关问题的请示》。

2007年12月　最高人民法院参加澳门和谐社会与青少年违法犯罪防治学术研讨会暨澳门青少年犯罪研究会成立十周年纪念活动。

最高人民法院与共青团中央联合发布《关于评选表彰2007年度和考核认定2006年度法院系统全国“青年文明号”的通知》。

2008年2月　最高人民法院在云南省曲靖市召开全国部分法院未成年人权益保护民事案件审判工作座谈会，认真总结了涉未成年人权益保护民事案件审判工作的经验及问题。

2008年3月　最高人民法院开展未成年人权益保护民事审判理论和司法实务问题论文评选活动，全国法院共有四十余篇优秀论文获奖。

2008年5月　最高人民法院少年法庭指导小组办公室参加在上海市举办的政府职能部门在预防未成年人犯罪中的作用研讨会。

2008年6月

最高人民法院就人民法院贯彻实施修订后《未成年人保护法》一年来的情况，向全国人大常委会执法检查组作汇报。

全国部分法院涉少民事审判研讨会暨福建省少年审判二十周年纪念大会在福建省泉州市召开，会议就进一步推动建立和完善中国特色的未成年人民事案件审判制度进行研讨。

最高人民法院根据中央司改办反馈意见，向中央司法体制改革领导小组第三次报送《关于改革和完善未成年人司法制度工作方案有关问题的请示》。

2008年7月

最高人民法院在福建省惠安市召开全国法院少年法庭工作座谈会。会议回顾了我国少年司法二十四年历程，第一次对中国少年司法取得的成就和特点进行了全面总结和概述。

2008年9月

最高人民法院少年法庭指导小组及办公室召开重新调整后的第一次全体会议。结合当前全国少年法庭面临的形势任务，提出切实加强对全国少年法庭工作指导的总体要求，并提出了“承前启后、继往开来”八字方针。

2008年9—10月

最高人民法院少年法庭指导小组带队，抽调部分省市少年法庭法官组成检查组分别赴十一个省、市、自治区，围绕少年法庭贯彻执行最高人民法院《关于审理未成年人刑事案件的若干规定》和《关于审理未成年人刑事案件具体应用法律若干问题的解释》两个司法解释的情况展开检查调研工作。

2008 年 10 月

最高人民法院与美国对话基金会开展交流合作项目，围绕未成年人审判机构设置问题开展交流，并考察了美国的少年司法制度。

最高人民法院赴加拿大参加中加最高人民法院大法官第二次圆桌会议，双方围绕未成年人司法制度建设相关问题进行研讨交流。

2008 年 12 月

最高人民法院两次召开部分中级人民法院设立独立建制的未成年人案件综合审判庭试点工作汇报会，全面总结试点工作经验，并提出下一步意见。

最高人民法院、全国人大常委会法工委共同与德国开展合作，在上海市举办中德未成年人刑事案件模拟法庭交流活动。

最高人民法院少年法庭指导小组办公室在上海市参加“合适成年人参与未成年人刑事诉讼的理论与实践”研讨会。

2009 年 1 月

最高人民法院发布《关于进一步规范试点未成年人案件综合审判庭受理民事案件范围的通知》，明确划定了全国少年审判庭受理未成年人民事案件的范围。

2009 年 2 月

最高人民法院向全国人大常委会办公厅提交《最高人民法院关于研究处理未成年人保护法执法检查报告及审议意见有关情况的报告》，汇报了人民法院加强未成年人司法保护工作的具体措施。

最高人民法院发布《关于印发〈少年法庭指导小组关于检查部分省市法院少年法庭执行未成年人刑事案件两个司法解释情况的报告〉

的通知》，要求各级法院少年法庭对照报告反映的情况和问题开展自查，切实做好少年审判工作。

最高人民法院参加中央综治委预防青少年违法犯罪工作领导小组全体会议。

2009 年 3 月

最高人民法院发布《全国十七个中级人民法院开展设立独立建制少年审判庭试点工作的情况》。

最高人民法院发布《人民法院第三个五年改革纲要》，明确要求：完善未成年人案件审判制度和机构设置，推行适合未成年人生理特点和心理特征的案件审理方式及刑罚执行方式的改革。

最高人民法院与中央政法委、最高人民检察院、公安部、民政部、司法部、财政部、人力资源社会保障部联合发布《关于开展刑事被害人救助工作的若干意见》。

最高人民法院与中央宣传部、中央综治办、全国人大常委会法工委等二十九个部门联合发布《关于印发〈中国反对拐卖妇女儿童行动计划（2008—2012 年）实施细则〉的通知》。

2009 年 5 月

最高人民法院党组专题研究部署少年法庭工作，对新时期如何做好少年法庭工作提出了“坚持、完善、改革、发展”的八字方针。党组经研究，决定在研究室增设少年法庭工作办公室作为内设处级机构，主要负责少年司法制度研究，参与有关未成年人立法工作，起草有关司法解释，参与未成年人司法保护和预防未成年人违法犯罪的综合治理等工作。

2009 年 6 月

最高人民法院与上海市浦东新区人民法院共同编写青少年法治教育漫画绘本丛书《开心漫漫看》。

2009 年 7 月

最高人民法院参加预防未成年人犯罪法颁布十周年座谈会。

2009 年 9 月

最高人民法院、最高人民检察院、公安部、司法部联合发布《关于在全国试行社区矫正工作的意见》。

2009 年 10 月

最高人民法院修订未成年人刑事案件裁判文书样式，制定发布了未成年人刑事案件适用普通程序和适用简易程序两种判决书样式。其中一审适用普通程序的刑事判决书样式对社会调查的表述作了详细说明。

最高人民法院创办《中国少年司法》季刊，由人民法院出版社出版发行。这是我国第一个以少年司法实践与改革发展为关注对象的专业性刊物。

最高人民法院与共青团中央等十四个部门联合发布《创建“青少年维权岗”活动指导意见》。

2009 年 11 月

最高人民法院在上海市召开全国少年法庭成立二十五周年纪念大会暨少年司法制度改革与发展研讨会，对全国少年法庭二十五年来所取得的经验、成绩进行充分总结，并对下一步全国少年法庭工作作出部署。

最高人民法院与中央综治委预防青少年违法犯罪工作领导小组、中央综治办、共青团中央等十个部门联合发布《关于开展重点青少年群体排查摸底专项行动的通知》。

2010 年

最高人民法院参加上海法院少年综合审判工作推进会及上海市青少年法治教育活动基地揭牌仪式。

最高人民法院少年法庭指导小组派员参加“青少年维权工作代表团”赴港澳考察，向香港基督教青年会和澳门童军总会介绍内地少年法庭工作情况并作交流。

2010 年 3 月

最高人民法院与澳大利亚人权与机会平等委员会，围绕中澳少年司法合作项目后续影响情况开展评估。在北京就双方在人权技术合作项目中取得的经验和成果进行了讨论；在苏州市召开中澳人权技术合作项目回访座谈会。

2010 年 5 月

最高人民法院邀请美国旧金山高等法院法官率美国少年司法代表团访华。

最高人民法院在山东省青岛市举办中美少年司法制度研讨会。

2010 年 7 月

最高人民法院依托河南省高级人民法院成立中国法学会审判理论研究会少年审判专业委员会，为少年审判的理论研究搭建了新的平台。

少年审判专业委员会成立大会暨首届全国少年审判论坛在河南省洛阳市举行。

2010年8月

最高人民法院发布《关于进一步加强少年法庭工作的意见》，对少年法庭进行全面总结，进一步规范和促进全国法院少年法庭工作。

最高人民法院与中央综治委预防青少年违法犯罪工作领导小组、最高人民检察院、公安部、司法部、共青团中央联合发布《关于进一步建立和完善办理未成年人刑事案件配套工作体系的若干意见》。

2010年9月

最高人民法院少年法庭指导小组及办公室召开第四次全体会议，对指导小组组成及领导成员作出调整。

2010年10月

最高人民法院与共青团中央、中央综治办、最高人民检察院、教育部、公安部、民政部、司法部、人力资源社会保障部、文化部、国家工商总局、国家质检总局、国家广电总局、新闻出版总署联合发布《创建“青少年维权岗”活动指导意见》。

2010年11月

最高人民法院与中国青年政治学院联合举办中国少年司法年度论坛——少年司法理论与实践研讨会，来自全国公、检、法、司各部门代表以及专家、学者参加会议。

2011年4月

最高人民法院在福建省三明市举办全国法院未成年人案件综合审判庭试点工作座谈会。

2012年1月

最高人民法院、最高人民检察院、公安部、司法部联合发布《关于印发社区矫正实施办法的通知》，规定对未成年人实施社区矫正，应当遵循“教育、感化、挽救”的方针。

我国《刑事诉讼法》修正，增设未成年人刑事案件诉讼程序专章，在刑事诉讼中确立“教育、感化、挽救”方针和“教育为主、惩罚为辅”的原则。

2012年5月　　最高人民法院参加在广东省广州市中级人民法院举行的首个法院系统“全国青少年法律与权益保护研究基地”揭牌仪式。

2012年8月　　最高人民法院在河南省郑州市召开全国法院第六次少年法庭工作会议。

2012年9月　　中国审判理论研究会少年审判专业委员会2012年年会暨第二届少年审判论坛在河南省郑州市举行。

最高人民法院少年法庭工作办公室应美国对话基金会的邀请，组织青少年司法考察团，赴美国加利福尼亚州进行考察。

2013年1月　　最高人民法院印发《关于扩大中级人民法院设立独立建制未成年人案件审判庭试点范围的通知》，将独立建制未成年人案件综合审判庭试点工作法院由十七个中级人民法院扩大到四十九个，实现了省会城市基本全覆盖。

2013年4月　　时任最高人民法院副院长黄尔梅率两岸司法互助协议交流参访考察团，赴我国台湾地区考察交流少年审判工作。

2013年5月　　最高人民法院发布三件侵犯未成年人权益犯罪典型案例。

2013年7月

最高人民法院发布《关于充分发挥审判职能作用积极推进深化平安中国建设工作的通知》，要求依法从严打击侵犯妇女儿童人身权利犯罪，做好对未成年人等特殊人群的犯罪预防、矫治和帮教管理工作。

最高人民法院与最高人民检察院、公安部、司法部联合发布《关于依法惩治性侵害未成年人犯罪的意见》，明确了办理性侵未成年人案件的法律适用和政策把握问题。

2014年1月

最高人民法院发布三件关于性侵儿童犯罪典型案例。

2014年2月

最高人民法院发布十件涉家庭暴力典型案例。

2014年5月

最高人民法院与山西省大同市中级人民法院共同举办少年司法与预防青少年犯罪经验交流会。

2014年7月

最高人民法院会同最高人民检察院、公安部、司法部在山东省青岛市召开关于未成年人犯罪记录封存实施意见的研讨会。

2014年8月

最高人民法院联合预防青少年犯罪研究会、北京市海淀区人民法院共同举办未成年人保护与司法制度改革研讨会，来自公、检、法、司以及高等院校专家、学者共同就未成年人司法改革问题进行专题研讨。

2014年10月

最高人民法院发布七件通过网络实施的侵犯妇女、未成年人等犯罪典型案例。

最高人民法院举办中美青少年犯罪记录封存制度研讨会，对中美少年司法制度有关问题进行研讨交流。

最高人民法院在山东省青岛市中级人民法院设立全国首个预防惩治性侵害未成年人犯罪联动机制试点，并举行启动仪式。

2014 年 11 月

最高人民法院发布十四件未成年人审判典型案例。

最高人民法院在上海市举办全国法院少年法庭三十周年座谈会暨第三届少年审判论坛。

值少年法庭成立三十周年之际，最高人民法院发布《关于对全国法院少年法庭工作先进集体和先进个人予以表扬的通报》，对全国法院一百个先进集体和一百名先进个人进行通报表扬。

2014 年 12 月

最高人民法院与最高人民检察院、公安部、民政部联合发布《关于依法处理监护人侵害未成年人权益行为若干问题的意见》，明确侵害未成年人权益可依法撤销监护人资格。

2015 年 1 月

最高人民法院将四川省眉山市中级人民法院确定为全国首个“预防惩治侵犯留守儿童权益犯罪联动机制”试点法院。

2015 年 2 月

最高人民法院在广东省佛山市举办未成年人社会调查工作座谈会。

最高人民法院发布八件惩治拐卖妇女儿童犯罪典型案例。

2015年3月　最高人民法院与最高人民检察院、公安部、司法部联合发布《关于依法办理家庭暴力犯罪案件的意见》。

最高人民法院发布五件涉家庭暴力犯罪典型案例。

2015年4月　最高人民法院在福建省莆田市举行反家暴联动机制试点工作总结及推进会，来自最高人民检察院、公安部、民政部、全国妇联、福建省高级人民法院、莆田市反家暴联动试点成员单位及全国涉家暴刑事司法改革试点法院代表参会。

2015年5月　最高人民法院发布五件惩治性侵害未成年人犯罪典型案例。

2015年9月　最高人民法院发布八件侵害未成年人合法权益典型案例。

2015年10月　最高人民法院与民政部联合在国家法官学院举办未成年人权益保护跨部门大型培训班，培训包括儿童监护权、行政、司法、社会领域等内容。法院、民政、检察、公安系统及律师学员共三百余人参加培训。

由最高人民法院与澳大利亚人权委员会主办，中国法官协会、广西壮族自治区高级人民法院和南宁市中级人民法院协办的办理家庭暴力刑事案件专题培训班开班。

2015年12月　最高人民法院在广东省广州市召开部分法院家事审判改革工作座谈会。

最高人民法院举办少年法庭改革与建设座谈会，来自最高人民法院、全国各地法院的少年法庭法官及专家学者参加会议。

最高人民法院中国应用法学研究所举办司法改革背景下未成年人审判理论与实务专家论证会。

2016 年 3 月　　最高人民法院发布四件侵犯妇女儿童权益犯罪典型案例。

2016 年 5 月　　最高人民法院发布十二件侵害未成年人权益被撤销监护人资格典型案例。

2016 年 7 月　　最高人民法院与联合国儿童基金会合作，在山东省青岛市举办妇女儿童权益刑事司法保护研讨会。

2016 年 8 月　　最高人民法院赴泰国曼谷参加东亚及太平洋岛国区域未成年人司法分流与其他替代性措施研讨会。

2016 年 9 月　　最高人民法院与教育部、最高人民检察院、公安部、司法部、全国普法办、共青团中央发布《关于加强青少年法治教育实践基地建设的意见》。

2016 年 10 月　　最高人民法院在北京召开少年法庭改革与建设座谈会，专家学者及一线法官、检察官和律师代表就少年法庭改革建设中的重大问题进行讨论。

2016 年 11 月　　最高人民法院与教育部、中央综治办、最高人民检察院、公安部、民政部、司法部、共青团中央、全国妇联联合发布《关于防治中小学生欺凌和暴力的指导意见》。

最高人民法院与民政部、中央综治办、最高人民检察院、教育部、公安部、财政部、国家卫生计生委联合发布《关于在全国开展农村留守儿童“合力监护、相伴成长”关爱保护专项行动的通知》，推动落实家庭监护责任，依法遏制和打击侵害农村留守儿童合法权益的行为。

2016 年 12 月

最高人民法院研究室被评为“全国维护妇女儿童权益先进单位”。

最高人民法院发布《关于审理拐卖妇女儿童犯罪案件具体应用法律若干问题的解释》。

2017 年 2 月

最高人民法院举办“法治中国・法官故事”专题座谈会。

最高人民法院召开《反家庭暴力法》实施一周年暨法律适用问题座谈会。

最高人民法院在福建省泉州市召开全国部分法院家事审判方式和工作机制改革试点工作推进会。

2017 年 3 月

最高人民法院发布《反家庭暴力法》实施一周年十大典型案例。

2017 年 5 月

最高人民法院在北京市组织召开“加强少年司法 防治校园暴力”专题座谈会，就治理、防范校园欺凌，完善少年司法制度等问题进行深入探讨。

2017年6月　最高人民法院发布六件依法惩治侵害未成年人犯罪典型案例。

2017年7月　中国审判理论研究会少年审判专业委员会2017年年会暨第四届少年审判论坛在河南省郑州市举办，对司法改革背景下少年法庭的发展路径、以审判为中心的少年司法延伸工作等问题进行专题研讨。

最高人民法院与中央综治委“预防青少年犯罪”专项组、中央网信办、教育部、民政部、人力资源社会保障部、国家新闻出版广电总局、全国妇联、中央综治办、中央文明办、最高人民检察院、公安部、司法部、文化部、共青团中央、中国关工委联合发布《关于印发创建“青少年犯罪零受害社区（村）”试点工作实施方案》。

2017年8月　最高人民法院与联合国儿童基金会在四川省眉山市联合召开儿童权益刑事司法保护研讨会，针对猥亵、遗弃留守儿童、留守儿童综合司法保护等问题进行研讨。

2017年10月　最高人民法院派员赴新西兰、澳大利亚，就社区矫正、被害人救助中涉及未成年人的问题进行调研。

2017年11月　最高人民法院与美国对话基金会在广东省深圳市共同举办中美少年审判体制改革研讨会。

最高人民法院与教育部、中央综治办、最高人民检察院、公安部、民政部、司法部、人力资源社会保障部、共青团、全国妇联、中国残联联合发布《关于印发〈加强中小学生欺凌综合治理方案〉的通知》。

2017 年 12 月　最高人民法院在河南省新乡市中级人民法院召开全国部分法院家事审判方式和工作机制改革试点会议。

2018 年　最高人民法院评选出 2016—2017 年度全国法院系统六十六个“青少年维权岗”。

最高人民法院与央视社会与法栏目，联合拍摄完成未成年人权益保护专题纪录片《少年法庭》《呵护明天》，充分展示了少年法庭特色工作，树立少年法官的良好形象。

2018 年 2 月　最高人民法院召开《反家庭暴力法》实施二周年暨预防和惩处针对妇女儿童暴力与性侵害违法犯罪座谈会。

2018 年 5 月　最高人民法院在北京市召开全国法院少年法庭改革方向及路径研讨会，来自中央机关、全国法院的法官及专家学者共二百余人参加会议。研讨会共评出获奖论文八十篇并结集出版。

2018 年 6 月　最高人民法院发布十起依法惩治利用互联网侵害未成年人权益典型案例。

2018 年 7 月　最高人民法院举办关于进一步加强少年法庭工作意见研讨会，全国部分法院法官参加研讨，对加强少年法庭工作及少年法庭受案范围、绩效考核指标体系进行了深入研讨。

2018 年 10 月

最高人民法院在山东省潍坊市召开少年法庭工作推进会，对《最高人民法院关于加强少年法庭工作的意见（讨论稿）》进行讨论。

2018 年 12 月

最高人民法院在山东省济南市组织召开“山东审判杯”《未成年人保护法》修改与少年法庭建设研讨会，来自全国人大社会委、四级法院法官及专家学者六十余人参加会议。

2019 年 4 月

最高人民法院在北京市召开预防未成年人犯罪法修改暨少年司法案例研讨会。

2019 年 5 月

最高人民法院召开院党组会议，听取少年审判工作汇报，对进一步加强少年审判工作进行研究部署。

最高人民法院举行“六一”公众开放日活动，来自东城区中小学的近百名师生走进中国法院博物馆和最高人民法院，了解人民司法事业的发展历程。

最高人民法院召开新闻发布会，发布保护未成年人权益十大优秀案例。

最高人民法院组织全国三十余名少年审判法官编写未成年人保护与犯罪预防法治教育丛书——《谁来保护我》，作为“六一”儿童节礼物赠送给东城区及部分中西部城市的中小学生。

2019 年 6 月

最高人民法院与民政部、最高人民检察院、发展改革委、教育部、公安部、司法部、财政部、国家医保局、共青团中央、全国妇联、中国残联联合发布《关于进一步加强事实无人抚养儿童保障工作的意见》。

最高人民法院与教育部、最高人民检察院、公安部、司法部联合发布《关于完善安全事故处理机制维护学校教育教学秩序的意见》。

2019 年 7 月

最高人民法院发布四起严惩性侵未成年人犯罪典型案例。

2019 年 10 月

时任全国人大常委会副委员长张春贤视察最高人民法院工作，听取了人民法院少年家事审判工作情况汇报，并通过视频连线的方式，旁听了北京市海淀区人民法院少年法庭审理一起案件的法庭教育环节，给予少年法庭工作高度肯定。

2019 年 11 月

时任最高人民法院院长周强赴北京航空航天大学调研，并举行最高人民法院少年司法研究基地揭牌仪式。

2020 年 1 月

最高人民法院与北京航空航天大学少年司法研究基地通过视频形式联合举办未成年人刑事司法保护研讨会，对加强未成年人刑事司法保护中性侵未成年人证据认定标准、办案理念、少年法庭机构队伍建设等问题进行深入研讨。

2020 年 3 月

最高人民法院、最高人民检察院、公安部、司法部联合发布《关于依法严惩利用未成年人实施黑恶势力犯罪的意见》。

2020 年 4 月

最高人民法院将《关于在全国部分城市设立少年家事法院的建议》，以情况反映形式报告中央。

2020 年 5 月　　最高人民法院发布七件依法严惩侵害未成年人权益典型案例。

最高人民法院举办全国法院保护未成年人权益微电影展播活动，选取了六部涉及校园欺凌、留守儿童、性侵犯罪、受教育权、家庭保护和未成年人特色审判工作等内容的影片，在“六一”儿童节前后，通过官微向全国展播。

2020 年 7 月　　最高人民法院办公厅与全国妇联办公室、最高人民检察院办公厅、教育部办公厅、公安部办公厅、民政部办公厅、司法部办公厅、国家卫生健康委办公厅、国家体育总局办公厅、共青团中央办公厅、中国关工委办公室联合发布《关于开展“守护童年 牵手共成长”——2020 暑期儿童关爱服务活动的通知》。

2020 年 11 月　　最高人民法院与德国国际合作机构以未成年人司法为主题召开视频研讨会。

2020 年 12 月　　最高人民法院与北京航空航天大学联合举办最高人民法院少年司法研究基地专家聘任仪式暨学习贯彻“两法”加强新时代少年审判工作座谈会，围绕新修订的《未成年人保护法》和《预防未成年人犯罪法》进行讨论交流。

最高人民法院发布《关于聘任少年司法研究基地首批专家委员的决定》，决定聘任八名专家为最高人民法院少年司法研究基地首批专家委员，聘期五年。

2021 年 1 月　　最高人民法院办公厅、全国妇联办公厅、最高人民检察院办公厅、教育部办公厅、公安部办公厅、民政部办公厅、司法部办公厅、国家卫生健康委办公厅、国家体育总局办公厅、共青团中央办公厅、中国关工委办公室联合发布关于《开展“把爱带回家”2021寒假儿童关爱服务“四送”活动》的通知。

最高人民法院召开新闻发布会，发布《关于加强新时代未成年人审判工作的意见》，从组织领导、机制建设、队伍建设、审判管理等方面，对加强少年法庭工作作出了全面部署，提出了明确要求。

2021年2月

最高人民法院发布《关于设立最高人民法院少年法庭工作办公室的通知》《关于设立少年法庭巡回审判点的通知》，决定在最高人民法院设立少年法庭工作办公室，分别在最高人民法院第一巡回法庭、第二巡回法庭、第三巡回法庭、第四巡回法庭、第五巡回法庭、第六巡回法庭设立“最高人民法院少年法庭巡回审判点”。

2021年3月

最高人民法院举办少年法庭工作办公室成立大会，时任院长周强为办公室成立揭牌并发表讲话。

最高人民法院举行新闻发布会，发布七件未成年人司法保护典型案例。

最高人民法院六个巡回法庭驻地举行少年法庭巡回审判点挂牌仪式。各巡回法庭成立工作专班或指定专门团队负责巡回审判点的相关工作。

最高人民法院少年法庭工作办公室负责人通过网络直播对《最高人

民法院工作报告》中有关未成年人司法保护问题进行深入解读，当日热搜点击量突破一亿人次。

最高人民法院与美国对话基金会共同举办视频研讨会，就未成年女性犯罪和权益保护问题开展交流研讨。

2021 年 5 月

最高人民法院组织开展全国法院第二届未成年人司法保护优秀微电影展播活动，共有十部“十佳微电影”、十六部“优秀微电影”参加展播。

最高人民法院参加国务院未成年人保护工作领导小组召开的第一次全体会议。

最高人民法院举办“六一”儿童节公众开放日活动，八十多名中小学学生代表参加活动。

2021 年 6 月

最高人民法院发布《关于印发“十四五”时期人民法院工作规划纲要的通知》，提出加大未成年人保护力度，健全未成年人权益保护和预防未成年人犯罪工作机制。

最高人民法院参加国务院新闻办举行的《国务院未成年人保护工作领导小组关于加强未成年人保护工作的意见》专场发布会并回答记者提问。

2021 年 7 月

最高人民法院办公厅、全国妇联办公厅、最高人民检察院办公厅、教育部办公厅、公安部办公厅、民政部办公厅、司法部办公厅、国家卫生健康委办公厅、应急管理部办公厅、国家体育总局办公厅、共青团中央办公厅、中国关工委办公厅联合发布《关于开展“学党史颂党恩 守护安全伴成长”2021年暑期儿童关爱服务活动的通知》。

2021年9月

最高人民法院联合全国妇联、中国女法官协会编写出版《依法维护妇女儿童权益典型案例》。

最高人民法院研究室少年审判指导工作处被评为“全国农村留守儿童关爱保护和困境儿童保障工作先进集体”。

最高人民法院参加国务院新闻办举行的新闻发布会，介绍人民法院未成年人司法保护工作情况。

最高人民法院参加国务院未成年人保护工作领导小组办公室召开的全国未成年人保护工作推进会暨示范创建动员部署会。

第十六次上海合作组织成员国最高人民法院院长会议以视频方式举行。时任院长周强出席开幕式并致辞，杨万明副院长出席会议并作“不断完善中国特色少年司法制度 为未成年人健康成长提供有力司法保护”专题发言。

最高人民法院与中央广电总台社教节目中心共同举办“保护少年的你”主题公众开放日活动，并采取演播室、活动现场及网友参与的形式进行全媒体直播。

2021年10月

最高人民法院办公厅、全国妇联办公厅、最高人民检察院办公厅、教育部办公厅、公安部办公厅、民政部办公厅、司法部办公厅、国家卫生健康委办公室、应急管理部办公室、国家体育总局办公厅、共青团中央办公厅、中国关工委办公室联合发布《关于开展“把爱带回家——送法到家 让孩子健康成长”2022 寒假儿童关爱服务活动的通知》。

全国政协第十三届全国委员会以“促进未成年人权益的司法保护”为议题，召开第五十八次双周协商座谈会，最高人民法院参加并发言。

2022 年 1 月

最高人民法院少年法庭工作办公室召开第一次全体会议。会后发布《关于印发〈最高人民法院少年法庭工作办公室第一次全体会议纪要〉和〈最高人民法院少年法庭工作办公室 2021 年工作总结及 2022 年工作要点〉的通知》。

最高人民法院办公厅与教育部办公厅、最高人民检察院办公厅、公安部办公厅、司法部办公厅联合发布《关于贯彻落实〈中小学法治副校长聘任与管理办法〉的通知》。

2022 年 3 月

最高人民法院发布九件未成年人司法保护典型案例。

最高人民法院、全国妇联、教育部、公安部、民政部、司法部、国家卫生健康委联合发布《关于加强人身安全保护令制度贯彻实施的意见》。

最高人民法院举办 2022 年全国两会《最高人民法院工作报告》解读

系列全媒体直播访谈，研究室主任就未成年人司法保护接受访谈，介绍人民法院未成年人工作的新进展和成就。

最高人民法院少年法庭工作办公室发布《关于未成年人司法保护典型案例采用情况的通报》，对最高人民法院选编发布的十六件典型案例进行了通报。

最高人民法院参加国务院反拐部际联席会议电视电话会议，介绍法院系统打拐工作的成绩与工作规划。

最高人民法院研究室少年审判指导工作处被评为“全国青少年普法教育先进集体”。

2022年4月

最高人民法院与美国对话基金会联合举办中美儿童福利法网络研讨会，围绕儿童福利和未成年人保护相关问题进行深入研讨。

最高人民法院召开少年法庭工作办公室第二次全体会议，研究“六一”儿童节开展法治宣传教育及第七次少年法庭工作会议筹备等事宜。

最高人民法院联合最高人民检察院、公安部共同发布《关于敦促拐卖妇女儿童相关犯罪嫌疑人投案自首的通告》。

2022年5月

最高人民法院召开全国法院打击拐卖妇女儿童犯罪刑事审判工作电视电话会议。

最高人民法院、最高人民检察院、公安部、司法部联合发布《关于印发〈未成年人犯罪记录封存实施办法〉的通知》。

“六一”儿童节前夕，最高人民法院举办“走进少年法庭巡回审判点”系列公众开放日活动，对第五巡回法庭公众开放日活动进行了全媒体直播，并在最高人民法院官微开设“少年审判 守护未来”专栏。

2022 年 6 月

最高人民法院与中国关工委、中央政法委、最高人民检察院、司法部、共青团中央、中国法学会联合发布《关于开展第五届“关爱明天、普法先行”青少年法治宣传教育活动的通知》。

2022 年 7 月

最高人民法院办公厅与全国妇联办公厅、最高人民检察院办公厅、教育部办公厅、公安部办公厅、民政部办公厅、司法部办公厅、国家卫生健康委办公厅、应急管理部办公厅、国家体育总局办公厅、共青团中央办公厅、中国关工委办公室联合发布《关于开展“少年儿童心向党 用心用情伴成长”2022 暑期儿童关爱服务活动的通知》。

最高人民法院与国务院未成年人保护工作领导小组办公室、中央宣传部、中央网信办、最高人民检察院、教育部、公安部、民政部、交通运输部、文化和旅游部、国家卫生健康委、应急管理部、市场监管总局、国家广电总局、共青团中央、全国妇联联合发布《关于做好暑期未成年人安全保护工作的通知》。

最高人民法院发布《关于办理人身安全保护令案件适用法律若干问题的规定》。

2022 年 8 月

最高人民法院、最高人民检察院、公安部、司法部联合发布《关于印发〈办理涉未成年人有组织犯罪案件若干问题的意见〉的通知》。

最高人民法院发布《关于对人民法院少年法庭工作先进集体和先进个人予以表扬的通报》。

2022 年 9 月

最高人民法院办公厅发布《关于全国法院第七次少年法庭工作会议论文评选活动获奖情况的通报》。

全国法院第七次少年法庭工作会议在北京市召开，新时代少年法庭工作发展迎来新的机遇。

最高人民法院与德国国际合作机构共同举办中德青少年犯罪及其预防视频研讨会，来自中德两国的少年法官和未成年人社会机构代表围绕青少年犯罪及预防等相关问题进行深入研讨。

2022 年 11 月

最高人民法院、最高人民检察院、教育部联合发布《关于落实从业禁止制度的意见》，严格执行犯罪人员从业禁止制度，净化校园环境，切实保护未成年人。

2022 年 12 月

最高人民法院办公厅与全国妇联办公厅、最高人民检察院办公厅、民政部办公厅、教育部办公厅、公安部办公厅、司法部办公厅、国家卫生健康委办公厅、共青团中央办公厅、中国关工委办公室联合发布《关于开展“把爱带回家——暖童心护成长”2023 寒假儿童关爱服务活动的通知》。

2023年1月

最高人民法院与共青团中央、中央宣传部、中央政法委、中央网信办、全国妇联、最高人民检察院、教育部、公安部、民政部、司法部、人力资源社会保障部、文化和旅游部、市场监管总局、广电总局联合发布《关于印发〈全国维权青少年权益岗创建管理办法〉的通知》。

2023年4月

最高人民法院与民政部、最高人民检察院、国家发展改革委、教育部、公安部、司法部、财政部、国家卫生健康委、国家医保局、全国妇联、中国残联联合发布《关于加强事实无人抚养儿童精准保障工作的通知》。

最高人民法院与美国对话基金会联合举办中美少年司法视频研讨会，来自中美两国的少年审判专家和实务工作者围绕未成年人网络保护、家庭教育、社会支持体系等相关问题进行深入研讨交流。

最高人民法院少年法庭工作办公室召开第三次全体会议，讨论筹备组建最高人民法院少年审判工作办公室等事宜。

2023年5月

最高人民法院第一巡回法庭在广东省广州市召开巡回区人民法院涉少年审判工作座谈会。

最高人民法院与全国妇联联合发布保护未成年人权益十大司法救助典型案例。

最高人民法院发布三件强奸未成年人的罪犯被执行死刑的案例。

最高人民法院、最高人民检察院、公安部、司法部联合发布《关于印发〈关于办理性侵害未成年人刑事案件的意见〉的通知》。

最高人民法院、最高人民检察院联合发布《关于办理强奸、猥亵未成年人刑事案件适用法律若干问题的解释》。

最高人民法院、全国妇联联合发布《关于开展家庭教育指导工作的意见》，促进未成年人父母或者其他监护人依法履行家庭教育职责。

2023年6月

最高人民法院举办“法治护航 伴你成长”“六一”公众开放日暨加强新时代少年审判工作座谈会，最高人民法院党组书记、院长张军出席会议并讲话，与学校师生共同观看由北京市海淀区人民法院少年法庭法官演绎的模拟法庭情景剧。

最高人民法院党组经研究决定，成立少年审判工作办公室，依托民一庭运行，建立专门、相对独立的工作机制，集中、统一负责全国少年审判工作监督指导，进一步强化少年审判的专业化建设。

最高人民法院参与共青团中央2023—2024年度“全国维护青少年权益岗”创建评选工作，人民法院共有六十四家单位被推荐为“全国维护青少年权益岗”创建单位。

2023年7月

最高人民法院向全国法院发出通知，加强各地法治副校长建设，讲好开学第一课。

最高人民法院办公厅与全国妇联办公厅、中央网信办秘书局、最高人民检察院办公厅、教育部办公厅、公安部办公厅、民政部办公厅、司法部办公厅、国家卫生健康委办公厅、应急管理部办公厅、国家体育总局办公厅、全国总工会办公厅、共青团中央办公厅、中国关工委办公厅联合发布《关于开展“少年儿童心向党 关爱守护伴成长”2023 暑期儿童关爱服务活动的通知》。

2023 年 9 月

最高人民法院党组书记、院长张军以法治副校长身份，以“提高自我保护能力 强化家庭学校协同 共同守护青春扬帆远航”为题在北京市第二中学讲授 2023 年秋季学期开学第一课。

2023 年 11 月

最高人民法院与共青团中央、中央宣传部、中央政法委、中央网信办、全国妇联、最高人民检察院、教育部、公安部、民政部、司法部、人力资源社会保障部、文化和旅游部、市场监管总局、国家广电总局联合发布《关于开展“权益岗在行动：向电信网络诈骗说不”专项活动的通知》。

最高人民法院与民政部、中央网信办、最高人民检察院、教育部、公安部、司法部、财政部、人力资源社会保障部、国家卫生健康委、应急管理部、国务院妇儿工委办公室、共青团中央、全国妇联、中国残联联合发布《关于印发〈农村留守儿童和困境儿童关爱服务质量提升三年行动方案〉的通知》。

最高人民法院在国家“反家暴日”发布两批反家庭暴力典型案例，其中一批是未成年人专题，凸显对未成年人合法权益的保护，提高人民群众反家暴意识。

2023年12月

最高人民法院联合最高人民检察院、公安部在云南省昆明市共同举办惩处“性侵害未成年人犯罪专题”同堂实务培训班。

最高人民法院结合国家宪法日，要求全国法院开展预防未成年人涉电信网络诈骗法治宣传教育专项活动，引导未成年人不断增强法律意识和网络安全意识。

2024年1月

最高人民法院办公厅与全国妇联办公厅、中央网信办秘书局、最高人民检察院办公厅、教育部办公厅、公安部办公厅、民政部办公厅、司法部办公厅、国家卫生健康委办公厅、应急管理部办公厅、国家体育总局办公厅、国家疾病预防控制局综合司、国家消防救援局办公室、全国总工会办公厅、共青团中央办公厅、中国关工委办公室联合发布《关于开展“把爱带回家——真情暖童心 相伴护成长”2024寒假儿童关爱服务活动的通知》。

2024年3月

最高人民法院办公厅发布《关于全国法院未成年人司法保护优秀裁判文书评选活动获奖情况的通报》。

最高人民法院与全国妇联、中央社会工作部、最高人民检察院、教育部、公安部、民政部、国家卫生健康委、国务院妇儿工委办公室联合发布《关于印发〈深化开展爱心妈妈结对关爱留守儿童和困境儿童三年行动方案〉的通知》。

2024年4月

最高人民法院发布《关于在涉及未成年子女的离婚案件中开展“关爱未成年人提示”工作的意见》。

最高人民法院会同全国妇联举行“妇女儿童权益保护”开放日活动。

最高人民法院党组书记、院长张军，全国妇联党组书记、副主席、书记处第一书记、国务院妇女儿童工作委员会副主任黄晓薇出席活动并讲话。

2024年5月

最高人民法院、教育部联合发布《关于开展法治副校长2024年“以案说法”专项活动工作方案》的通知。

最高人民法院发布《关于全面加强未成年人司法保护及犯罪防治工作的意见》，要求促推“六大保护”融合发力，为未成年人全面健康成长营造良好法治和社会环境。

最高人民法院举行“司法守护 少年逐梦”“六一”公众开放日活动，最高人民法院党组书记、院长张军出席，并与参与活动的代表、师生共同观看北京市延庆区人民法院的原创话剧《回归》。

2024年6月

最高人民法院联合最高人民检察院、教育部、公安部、民政部、司法部、国务院妇儿工委办公室、共青团中央、全国妇联等单位，依托人民法院案例库平台建设的未成年人权益保护案事例库正式上线。

2024年7月

最高人民法院发布《关于科学评价未成年人审判法官业绩的指导意见的通知》，要求各级法院科学评价未成年人审判法官业绩，推动未成年人审判工作高质量发展。

最高人民法院办公厅与全国妇联办公厅、中央网信办秘书局、最高人民检察院办公厅、教育部办公厅、公安部办公厅、民政部办公厅、司法部办公厅、国家卫生健康委办公厅、应急管理部办公厅、国家体育总局办公厅、国家疾病预防控制局综合司、国家消防救援局办公室、全国总工会办公厅、共青团中央办公厅、中国关工委办公室联合发布《关于开展“少年儿童心向党 真情相伴护成长”2024暑期儿童关爱服务活动的通知》。

最高人民法院联合最高人民检察院、公安部在辽宁省大连市共同举办“办理侵害未成年人刑事案件”同堂培训班。

2024年8月

最高人民法院与民政部、中央政法委、中央网信办、最高人民检察院、国家发展改革委、教育部、公安部、财政部、人力资源社会保障部、住房城乡建设部、交通运输部、国家卫生健康委、国家广电总局、国家统计局、国家医保局、国家疾控局、国务院妇儿工委办公室、共青团中央、全国妇联、中国残联联合发布《加强流动儿童关爱保护行动方案》。

2024年9月

最高人民法院召开未成年人权益保护案事例库工作推进会，最高人民检察院、公安部、民政部、司法部、国务院妇儿工委、共青团中央、全国妇联七家共建单位出席会议并提出意见建议。

最高人民法院党组书记、院长张军以法治副校长身份，以“强化犯罪源头预防 守护青少年健康成长”为题在北京市第二中学讲授2024年秋季学期开学第一课。

由最高人民法院、教育部、北京市高级人民法院联合拍摄，北京市延庆区人民法院干警参演的未成年人法治宣传短剧《回归》在北京市第二中学举行首发仪式。

2024年10月

最高人民法院在中国法院博物馆举办“奋进新时代 携手向未来——少年法庭成立四十周年成就展”。

第二部分　地方法院篇

北京市

1987 年 9 月　海淀区人民法院在刑事审判庭下设少年刑事审判合议庭。

1991 年　海淀区人民法院审理了程某某盗窃案，该案是北京市法院首例未成年犯缓刑减刑案。

1992 年　海淀区人民法院在未成年人刑事案件审理中率先在全市推行“U 形法台”。

1995 年　海淀区人民法院少年法庭尚秀云法官荣获“全国法院模范”称号。

1998 年　海淀区人民法院少年法庭尚秀云法官荣获“全国三八红旗手”称号。

1999 年 3 月　海淀区人民法院少年法庭荣获“全国青少年维权岗”称号。

1999 年 11 月　东城区人民法院少年法庭荣获“全国未成年人保护工作先进集体”称号。

2000 年　海淀区人民法院审理了王某某抢劫案，该案是北京市首例未成年人犯罪记录封存案。

2002年8月　　海淀区人民法院少年法庭荣获“全国青少年犯罪研究先进集体”称号。

2003年7月　　东城区人民法院少年法庭荣获“全国维护妇女儿童权益先进集体”称号。

2004年　　朝阳区人民法院少年法庭荣获“全国青少年维权岗”称号。

2004年12月　　海淀区人民法院少年法庭荣获“全国少年法庭工作先进集体”称号。

2005年8月　　海淀区人民法院少年法庭荣获首批“为了明天——全国青少年自我保护教育基地”。

2008年　　北京市高级人民法院与全国律协未成年人保护专业委员会、公益性非政府组织“中国人权发展基金会”合作，创设了“未成年人司法救助基金”。

2010年　　北京市第一中级人民法院在审理一起变更抚养关系纠纷案中，委托北京市青少年法律与心理咨询服务中心调查走访并出具调查报告，这是我市法院在未成年人民事审判中开展的首例访视调查案件。

2010年6月　　北京市第二中级人民法院未成年人案件综合审判庭荣获“全国关心下一代工作先进集体”称号。

海淀区人民法院少年法庭荣获“全国预防青少年犯罪研究基地”称号。

2011年6月　北京市第二中级人民法院未成年人案件综合审判庭荣获“全国政法系统先进基层党组织”称号。

2012年　海淀区人民法院审理了何某某抢劫案，法院对被告人宣告两项禁止令：一是禁止在缓刑考验期限内进入夜总会、酒吧、迪厅、网吧等娱乐场所；二是禁止酗酒。最高人民法院在全国法院少年法庭三十年座谈会上将其作为典型案例予以通报。

2012年11月　首都综治委预防青少年违法犯罪专项组、北京市高级人民法院、北京市人民检察院、北京市公安局、北京市司法局、共青团北京市委联合发布《关于对未成年犯罪嫌疑人、被告人进行社会调查工作的实施办法（试行）》。

2012年12月　首都综治委预防青少年违法犯罪专项组、北京市高级人民法院、北京市人民检察院、北京市公安局、北京市司法局、共青团北京市委联合发布《关于在办理未成年人刑事案件中推行合适成年人到场制度的实施办法（试行）》。

2013年　海淀区人民法院少年法庭在全国率先开设“亲职教育课堂”，为失足少年父母提供家庭监护指导，并开展“亲职教育进学校”“亲职教育进社区”活动。

2013年4月　北京市高级人民法院未成年人案件审判庭挂牌。

2014年　门头沟区人民法院少年法庭荣获“全国法院少年法庭工作先进集体”称号。

海淀区人民法院少年法庭荣获“全国法院少年法庭工作先进集体”称号。

2014年4月 密云区人民法院少年法庭荣获“全国青少年维权岗”称号。

2014年9月 石景山区人民法院联合团区委、检察院、司法局和教委建立了北京市首个综合性帮教基地“青春护航基地”。推行“三全一主导”工作模式，对涉诉未成年人开展全方位帮教。

2014年11月 北京市第二中级人民法院未成年人案件综合审判庭荣获“全国法院少年法庭工作先进集体”称号。

2014年12月 石景山区人民法院少年法庭荣获“全国青少年维权岗”称号。

2015年 北京市高级人民法院未成年人案件审判庭荣获“全国青少年维权岗”称号。

门头沟区人民法院少年法庭、石景山区人民法院少年法庭荣获“全国五一巾帼标兵岗”称号。

2015年3月 首都综治委预防青少年违法犯罪专项组、北京市高级人民法院、北京市人民检察院、北京市公安局、北京市司法局、北京市教委、北京市人社局、北京市民政局、共青团北京市委联合发布《关于未成年人犯罪记录封存的实施办法（试行）》。

2016年 北京市高级人民法院未成年人案件审判庭荣获“全国实施妇女儿童

发展纲要先进集体”称号。

北京市高级人民法院推进并创设社会调查、社会观护制度，相关经验被《未成年人司法社会工作服务规范》国家标准吸收采纳。

海淀区人民法院建立“2+3+3”校园暴力预防机制。

2016年10月　北京市第二中级人民法院未成年人案件综合审判庭荣获“全国青少年维权岗”称号。

2016年12月　北京市第一中级人民法院未成年人案件综合审判庭荣获“全国青少年维权岗”称号。

西城区人民法院少年家事庭荣获“全国维护妇女儿童权益先进集体”称号。

2017年2月　顺义区人民法院妇女工作委员会荣获“全国维护妇女儿童权益先进集体”称号。

2017年4月　西城区人民法院少年家事庭荣获“全国巾帼文明岗”称号。

2017年11月　西城区人民法院审理了广受社会关注的“五少女校园欺凌案”。

2017年12月　海淀区人民法院公开宣判一起职业教师利用家教时间性侵未成年女学生的案件。以强奸罪、强制猥亵罪，依法对被告人从重处罚，并宣告从业禁止。该案系北京法院首例对性侵害未成年被告人宣告从业禁止的案件。

2018年　房山区人民法院少年法庭荣获“全国法院家事审判工作先进集体”称号。

2019年　北京市高级人民法院未成年人案件审判庭荣获“全国维护妇女儿童权益先进集体”称号。

海淀区人民法院少年法庭荣获“全国巾帼文明岗”“全国青少年维权岗”“全国法院刑事审判工作先进集体”称号。

房山区人民法院少年法庭荣获“全国三八红旗集体”称号。

2019年3月　通州区人民法院少年法庭荣获“全国青少年维权岗”称号。

2020年3月　北京市高级人民法院未成年人审判庭荣获“全国三八红旗集体”称号。

昌平区人民法院少年法庭采用远程庭审模式审理吴某寻衅滋事案并当庭宣判，该案是我市首例未成年人涉疫情防控的刑事案件。

海淀区人民法院少年法庭荣获“全国法院先进集体”称号。

2021年3月　石景山区人民法院少年法庭荣获“全国巾帼文明岗”称号。

2021年8月　昌平区人民法院少年法庭荣获“全国青少年维权岗”称号。

2021年9月　昌平区人民法院荣获“全国农村留守儿童关爱保护和困境儿童保障工作先进集体”称号。

2021年12月　朝阳区人民法院少年法庭荣获“全国维护妇女儿童权益先进集体”称号。

2022年　北京市第一中级人民法院未审庭、海淀区人民法院少年法庭荣获“人民法院少年法庭工作先进集体”称号。

2022年2月　海淀区人民法院将温泉人民法庭改造为少年法庭，这是全市首个通过改造人民法庭专门设立的少年法庭。

平谷区人民法院发出全市首份《家庭教育令》。

2022年3月　北京市高级人民法院出台《北京市高级人民法院关于进一步规范全市法院少年法庭受案范围及统一归口管理等有关问题的通知》，进一步规范全市法院少年法庭受案范围，推动上下统一归口管理。

2022年4月　延庆区人民法院成立北京法院首个家庭教育指导服务中心。

2022年6月　北京互联网法院建立全国法院首个线上家庭教育指导平台“首互未来”，为涉诉家庭开展家庭教育指导。

2022年11月　海淀区人民法院审理了王某某猥亵儿童一案，该案系全国首例对性侵害未成年人的教职员工宣告终身不得从事密切接触未成年人工作的刑事案件。

2023年 大兴区人民法院联合区妇联打造“伴视家园”，助力解决探望权执行难问题。

房山区人民法院少年法庭荣获“全国维护妇女儿童权益先进集体”称号。

2023年1月 北京互联网法院构建“首互未来”未成年人网络保护工作机制。

2023年3月 北京市高级人民法院出台《关于全市法院少年法庭开展涉未成年人民事社会调查、社会观护工作的指引（试行）》，充分发挥社会力量在未成年人权益保护和犯罪预防中的积极作用。

丰台区人民法院与北京青少年法律援助与研究中心共建全市首个涉未成年人纠纷一站式解决机制。

2023年8月 朝阳区人民法院构建“1+3”妇女儿童权利保障机制。

2023年10月 大兴区人民法院少年法庭荣获“全国维护妇女儿童权益先进集体”称号。

2023年11月 石景山区人民法院少年法庭荣获“国家版权局查处重大侵权盗版案件有功单位”称号。

2023年12月 海淀区人民法院少年法庭荣获“全国维护妇女儿童权益先进集体”称号。

2024 年 4 月　　石景山区人民法院少年法庭荣获“全国工人先锋号”称号。

2024 年 5 月　　平谷区人民法院升级“一米阳光”家庭教育品牌，推动成立全市首家聚焦专门学校“问题少年”矫治的家长法学院。

2024 年 6 月　　延庆区人民法院联合区教委在全市法院设立首个平安校园先议办公室。

天津市

1987 年

和平区人民法院刑事审判庭设立少年合议庭，聘请教育系统人员为人民陪审员。

1987 年 12 月

武清区人民法院组建审理“少年犯合议庭”。

1988 年

河西区人民法院刑事审判庭设立少年合议庭。

1990 年

河西区人民法院少年刑事审判庭在开庭审理青少年刑事案件过程中创造性地加入庭审教育阶段，此做法被最高人民法院在《关于办理少年刑事案件的若干规定》中采纳，成为全国法院审理少年刑事案件的必经程序。

1991 年

国际犯罪研究学会学术委员会主席卡尔纳博士到河西区人民法院交流少年司法制度情况。

天津市高级人民法院与天津市教育局联合发布《关于少年被逮捕后的学籍及被宣告缓刑、免刑的少年犯复学问题的通知》。

天津市高级人民法院首次召开少年审判工作会议。

1991 年 1 月	河西区人民法院成立少年刑事审判庭，成为我国北方第一个独立建制的青少年犯罪审判机构。
1994 年	河西区人民法院荣获“全国少年刑事审判工作先进集体”称号。
1995 年	河西区人民法院与区教育局合作建立河西区青少年法治教育基地。
1998 年	天津市高级人民法院发布《天津市第五次少年刑事审判工作会议纪要》。
1999 年	河西区人民法院提供的全市首家人民法院主办的未成年人法治教育机构“河西区中小学法治教育基地”的标牌复制品，在“全国预防青少年违法犯罪展览”中展出。
2000 年 2 月	河西区人民法院荣获“全国青少年维权岗”称号。
2002 年	河西区人民法院以河西区中小学法治教育基地的名义联合区教委制定《关于加强学生进入“网吧”的管理及限制中小学生进入“网吧”的规定》，率先在全国提出完全禁止中小学生进入“网吧”的具体措施。
2006 年	河西区人民法院少年法庭被最高人民法院、共青团中央等九部委确定为首批“为了明天——青少年自我保护教育基地”。
2006 年 5 月	天津市高级人民法院印发《关于设置少年法庭的指导意见》。

2006年6月　天津市高级人民法院召开第六次少年法庭工作会议，决定在河西、和平、南开、武清、宝坻、北辰、蓟县设置独立建制的少年法庭。

2006年9月　和平区人民法院少年法庭荣获“全国青少年维权岗”称号。

2006年10月　天津市高级人民法院与市综治委、检察院、公安局、司法局、教委、团市委联合发布《关于对有轻微违法犯罪行为的未成年人进行挽救帮教的意见》。

2010年　天津市高级人民法院与共青团天津市委联合发布《关于在未成年人审判中开展心理干预工作的通知》，在各级法院未成年人刑事审判中开展心理干预工作。

2011年11月　和平区人民法院开创“异地户籍青少年帮教基地”，由辖区内企业自愿提供就业机会，集中统一监管异地户籍的未成年非监禁刑罪犯。

2013年　天津市高级人民法院与市检察院、公安局等部门联合印发《天津市未成年人刑事案件社会调查工作暂行办法》。

2013年2月　天津市第一中级人民法院成立少年法庭。

2013年3月　天津市高级人民法院印发《未成年人犯罪记录封存的实施办法》，该办法是全国范围内省级法院出台的首个有关犯罪记录封存的地方性规定。

2014年　天津市高级人民法院与市检察院、公安局、司法局、团市委联合制定《关于合适成年人参与刑事诉讼若干问题的规定（试行）》《关于对未成年人与成年人共同犯罪案件分案处理有关问题的规定》，并发布《合适成年人名册》。

全市法院实现涉未成年人刑事案件全部由专人审理的目标。

天津市第一中级人民法院在线诉讼服务平台12368热线开通未成年人权益保护专线，少年庭选派专业法官为涉法涉诉未成年人提供法律咨询和心理辅导的绿色通道。

和平区人民法院建立“合适成年人参与刑事诉讼制度”，被中央综治办、共青团中央、中国法学会评为“未成年人健康成长法治保障制度创新事例”。

和平区人民法院少年审判庭荣获“全国法院少年法庭工作先进集体”称号。

2014年3月 天津市高级人民法院成立未成年人刑事审判专业合议庭。

2014年9月 天津市高级人民法院与市检察院、公安局等部门联合印发《关于合适成年人参与刑事诉讼若干问题的规定（试行）》。

2014年10月 天津市高级人民法院与市检察院、公安局等部门联合印发《关于对未成年人与成年人共同犯罪案件分案处理有关问题的规定》。

2014年11月 武清区人民法院少年庭荣获“全国法院少年法庭工作先进集体”

称号。

2015 年 7 月　天津市第一中级人民法院举行新闻发布会，通报审理的涉未成年人案件情况。

2016 年　红桥区人民法院、蓟州区人民法院、津南区人民法院成为最高人民法院确定的全国家事审判改革试点法院之一。

红桥区人民法院与天津商业大学合作，引入高校心理学专家对案件当事人进行心理评估干预，与高校共同创建“青少年法治教育基地”，与社区联合打造“未成年人零犯罪社区”，与公安、检察、司法等部门共同构建“一站四室”服务平台。

2017 年　天津市高级人民法院指导三家试点法院挂牌成立家事审判庭。

天津市高级人民法院民一庭荣获“全国妇联维护妇女儿童权益先进集体”称号。

滨海新区人民法院刑一庭荣获“全国青少年维权岗”称号。

河西区人民法院自编自导自演的涉未成年人法治微电影《归途》，获全国法院第四届十佳微电影大赛“优秀奖”。

2017 年 6 月　天津市高级人民法院召开天津法院家事审判方式和工作机制改革工作推进会。

2017 年 12 月　天津市高级人民法院与天津师范大学等高校联合建立少年法庭审判人员心理咨询师培训机制。

2018 年　红桥区人民法院、津南区人民法院荣获“全国法院家事审判工作先进集体”称号。

2019 年　天津市高级人民法院与市民政局等单位会签《关于进一步加强事实无人抚养儿童保障工作的实施意见》。

2019 年 11 月　河西区人民法院民四庭（少年法庭）荣获“全国维护妇女儿童权益先进集体”称号。

2019 年 12 月　天津市第一中级人民法院与市妇联联合签署《关于进一步加强妇女儿童权益保护的合作机制》。

2020 年 10 月　津南区人民法院拍摄的微电影《五十九》，荣获全国法院第七届微电影微视频“金法槌百优微视频奖”。

2021 年　津南区人民法院联合区妇联在全市率先成立津南区、镇、社区（村）三级亲情关护室，解决探视权受阻问题。

2021 年 4 月　天津市高级人民法院发布《关于成立天津市高级人民法院少年法庭工作领导小组及办公室的通知》，成立了少年法庭工作领导小组及办公室。

2021 年 5 月　津南区人民法院拍摄的微电影《蓝色潮落》荣获第二届全国法院未

成年人司法保护十佳微电影。

蓟州区人民法院拍摄的微电影《灯塔》荣获第二届全国法院未成年人司法保护优秀微电影。

天津市第一中级人民法院制定《关于加强未成年人审判工作的实施意见》。

2021 年 7 月　河西区人民法院少年审判庭、宁河区人民法院刑事审判庭荣获“全国青少年维权岗”称号。

2021 年 9 月　天津市高级人民法院印发《关于进一步加强人身安全保护令签发工作的通知》。

天津市第一中级人民法院召开新闻发布会，对审理未成年人案件情况进行分析、通报，并发布典型案例。

2021 年 12 月　天津市高级人民法院与市妇联联签《关于进一步落实人身安全保护令制度的工作举措》。

南开区人民法院民一庭荣获“全国维护妇女儿童权益先进集体”称号。

中共天津市委编委办公室发布《关于调整部分法院内设机构设置的批复》，在滨海新区人民法院大沽法庭、河西区人民法院民事审判第四庭、红桥区人民法院民事审判第四庭分别加挂少年法庭牌子。

2022 年

天津市高级人民法院联合天津新闻广播《法治纵横》节目开办“法治副校长来了”“六一”儿童节特别节目。

滨海新区人民法院大沽法庭（少年法庭）荣获“全国少年审判工作先进集体”称号。

红桥区人民法院与区妇联联合成立未成年人探视基地，反映该院少年家事审判工作的法治纪录片《家事如天》在央视播出。

2022 年 2 月

和平区人民法院发出天津市首份《家庭教育令》。

河西区人民法院微动漫《童童的烦恼》，在第六届平安中国“三微”比赛中荣获微动漫组“三等奖”。

2022 年 11 月

天津市高级人民法院联合市民政局等十三个部门印发《天津市监护困境未成年人救助保护工作操作规程（试行）》。

天津市高级人民法院印发《关于进一步加强少年法庭建设的实施方案》。

2023 年 3 月

天津市高级人民法院召开妇女儿童权益司法保护主题新闻发布会，发布《天津法院妇女儿童权益司法保护状况白皮书（2020—2022 年）》及十件典型案例。

2023 年 8 月

天津市高级人民法院与市妇联联合印发《关于在涉未成年人案件中联合开展家庭教育指导工作的实施办法》。

2024 年

天津市高级人民法院印发《关于成立天津市高级人民法院少年审判工作领导小组及办公室的通知》。

津南区人民法院编写《未爱法声　护航成长——涉未成年人案例普法宣传读物》及《津南法院涉妇女儿童权益司法审判白皮书（2021—2023）》，并组织召开少年法庭建设工作会议及涉妇女儿童权益司法审判白皮书和典型案例新闻发布会。

2024 年 5 月

天津市高级人民法院与市妇联等九个部门联合发布《深化开展爱心妈妈结对关爱留守儿童和困境儿童三年行动方案》。

天津市第一中级人民法院召开新闻发布会，对审理未成年人案件情况进行分析、通报，并发布典型案例。

天津市第三中级人民法院与北京市第三中级人民法院、河北雄安新区中级人民法院在北京市联合召开“协同发展共筑未来”未成年人保护工作新闻发布会。

河北省

1987 年

唐山市中级人民法院刑一庭及各区县法院设立了专门审理未成年人刑事案件合议庭。

1988 年 7 月

石家庄市长安区人民法院在刑事审判庭内部设立了“少年犯合议庭”。

1988 年 8 月

秦皇岛中级人民法院向基层人民法院发出《关于设立审判未成年人刑事案件合议庭的通知》。通知决定在各基层人民法院刑事审判庭内逐步设立少年合议庭。

1991 年 7 月

石家庄市长安区人民法院建立了具有独立建制的少年法庭。

1993 年 10 月

全省法院系统少年刑事案件审判工作经验交流会在邯郸市峰峰矿区召开。

1994 年 11 月

石家庄市长安区人民法院荣获“全国少年审判工作先进集体”称号。

1997 年 3 月

石家庄市长安区人民法院少年法庭荣立最高人民法院集体一等功。

1998 年 9 月

河北省法院少年法庭工作会议在保定市召开。

2002年10月　　邯郸市丛台区人民法院荣获“全国未成年人保护先进集体”称号。

2004年12月　　秦皇岛市海港区人民法院少年法庭荣获“全国少年法庭工作先进集体”称号。

2005年11月　　秦皇岛市海港区人民法院荣获“全国预防青少年违法犯罪先进集体”称号。

2014年　　邯郸市中级人民法院荣获“全国法院少年法庭工作先进集体”称号。

2014年5月　　河北省高级人民法院出台《未成年人轻罪犯罪记录封存的实施办法（试行）》的规定。

2015年1月　　秦皇岛市海港区人民法院刑二庭（少年法庭）荣获“全国法院少年法庭工作先进集体”称号。

2018年　　邯郸市中级人民法院少年审判庭荣获“全国法院先进集体”称号。

2019年12月　　唐山市中级人民法院与市委政法委、市检察院、市公安局、市司法局联合印发了《关于加强未成年人司法工作社会支持体系建设的意见》，在健全工作机制、凝聚未成年人司法保护工作合力和完善未成年人司法保护社会支持体系等方面，明确了具体的工作举措。

故城县人民法院荣获“全国维护妇女儿童权益先进集体”称号。

2021年3月　　衡水市冀州区人民法院少年法庭在城关法庭挂牌成立。

沧州市中级人民法院设立少年法庭工作办公室。

2022年

邯郸市中级人民法院荣获“少年法庭工作先进集体”称号。

2022年6月

河北省高级人民法院联合河北省妇女联合会、河北省公安厅等十三个部门印发《关于建立维护妇女儿童合法权益部门联防联动工作机制的意见》。

2023年

沧州市中级人民法院刑事审判第三庭更名为少年审判庭。

唐山市中级人民法院与华北理工大学联合设立未成年人司法保护研究实践基地。

2023年11月

河北省高级人民法院举行全省法院少年审判庭授牌仪式暨成立大会，省法院和九个中级人民法院“少年审判庭”正式挂牌，加上唐山、邢台、邯郸三个中级人民法院已成立的少年审判庭，河北法院实现了高、中两级法院少年审判机构全覆盖、三级法院少年审判工作机制全覆盖。

2024年1月

河北省高级人民法院制定发布《全省法院少年法庭职能、职责及受案范围》。

河北省高级人民法院与河北省人民检察院等十七个部门会签《关于全面加强未成年人综合司法保护的若干措施》。

河北省高级人民法院与河北省人民检察院、河北省司法厅联合制定发布《关于对性侵害未成年人的成年 犯罪分子严格把握减刑、假释、暂予监外执行条件和社区矫 正期间严管严控工作的通知》。

2024 年 5 月

河北雄安新区中级人民法院与北京市第三中级人民法院、天津市第三中级人民法院联合召开“协同发展　共筑未来”未成年人保护工作新闻发布会。三家法院共同签署服务保障“京津冀一体化”未成年人保护工作协同发展共建合作备忘录，联合发布《关于未成年人保护共同倡议书》。

保定市中级人民法院张某诉李某、刘某监护权纠纷案入选最高人民法院首次发布的未成年人司法保护专题指导性案例。

山西省

1996 年 5 月

晋中地区榆次市人民法院女子法庭成立，是山西省首家全部由女法官、女法警组成的专门审理涉及侵犯妇女儿童合法权益案件的人民法庭。

2001 年 3 月

晋中市榆次区人民法院女子法庭荣获“全国巾帼文明示范岗”称号。

2006 年 9 月

太原市迎泽区人民法院荣获“全国青少年维权岗”称号。

2007 年 4 月

阳泉市中级人民法院未成年人案件综合审判庭成立，是最高人民法院确定的全国十七个独立建制的未成年人案件综合审判庭试点单位之一。

2007 年 7 月

长治市中级人民法院设立少年刑事审判庭。

2010 年 8 月

太原市中级人民法院在晋源区人民法院成立独立建制的“太原市少年法庭”，集中审理太原市辖区内所有未成年人犯罪一审案件。

2010 年 10 月

忻州市中级人民法院成立刑事审判第三庭，集中受理未成年人刑事犯罪案件。

2012年12月　忻州市十四个基层人民法院建立了独立建制的未成年人案件综合审判庭。

2013年6月　大同市中级人民法院成立未成年人案件综合审判庭。

2013年7月　朔州市朔城区人民法院成立少年法庭。

2013年10月　晋城市中级人民法院成立未成年人案件综合审判庭。

2013年11月　忻州市中级人民法院确定未成年人案件综合审判庭受理的案件范围。

2015年11月　阳泉市中级人民法院与全市各政法部门联合印发《关于未成年人犯罪记录封存的若干意见（试行）》，并制定《未成年人犯罪记录封存实施细则（试行）》。

2016年9月　阳泉市中级人民法院联合市各政法单位印发《关于合适成年人参与未成年人刑事案件诉讼活动的实施意见》。

2017年3月　忻州市中级人民法院在刑三庭加挂少年审判庭的牌子。

太原市中级人民法院将少年法庭的工作职能移交给太原市晋源区人民法院，指定由太原市晋源区人民法院刑事审判庭集中管辖太原市十个县区未成年人犯罪案件；太原市中级人民法院刑三庭负责集中审理涉未成年人的二审刑事案件，并对太原市晋源区人民法院的未成年人审判工作进行指导。

2017年5月　忻州市中级人民法院以真实案例为原型，拍摄了青少年普法微电影《你依然是天使》，在中央政法委、中央综治办主办的中国长安网上展播。

2017年8月　山西省教育学会校园法治教育专业委员会教育实践基地在太原市晋源区人民法院挂牌入驻，是全省第一家针对在校青少年开展法治教育的实践基地。

2017年10月　太原市晋源区人民法院与太原生态工程学校签署基地共建协议，双方正式建立“院校共建”合作关系。

2017年11月　黎城县人民法院设立专门的少年审判法庭。

2018年5月　太原市晋源区人民法院少年法庭受案范围扩大至太原市十个县区侵害未成年人权益案件。

2020年4月　太原市中级人民法院与市检察院、公安局、司法局联合发布《进一步规范未成年人刑事案件管辖的规定》。规定未成年人与成年人共同犯罪的案件，以及涉及侵害未成年人刑事案件，不再将未成年被告人指定到太原市晋源区人民法院管辖，而是由侦查机关对应的法院审理。

2020年5月　太原市中级人民法院与市妇联联合印发《关于进一步加强合作建立健全妇女儿童权益保护工作机制的通知》，对法院与妇联加强家事调查领域合作作出了规定。

2020年8月

太原市晋源区人民法院开发了太原市未成年人司法保护工作平台，即“少年法治”微信小程序网络平台，以推动未成年人审判工作向纵深发展。

晋城市中级人民法院未成年人案件综合审判庭发布《晋城市中级人民法院未成年人刑事案件审判白皮书》。

2020年10月

太原市晋源区人民法院和区妇联联合发布《关于进一步加强合作建立健全妇女儿童保护机制》并聘请家事调查员开展家事调查工作。

2021年1月

阳泉市中级人民法院按照《最高人民法院关于加强新时代未成年人审判工作的意见》统一了少年庭案件受案范围。

2021年3月

阳泉市中级人民法院荣获“全国巾帼文明岗”称号。

2021年5月

太原市中级人民法院对刑三庭和十个基层人民法院的少年法庭统一授牌，集中管辖和全辖区覆盖相结合的管辖模式正式确立，在全省范围内率先实现少年法庭的全辖区覆盖。

阳泉市中级人民法院在阳泉市城区人民法院举行全市基层人民法院少年法庭集中揭牌暨“关爱未成年人”法治宣传系列活动启动仪式。全市法院实现了少年审判组织全覆盖。

2021年6月

太原市中级人民法院印发《关于进一步加强未成年人司法保护的工作方案》。

2021年7月

晋城市中级人民法院未成年人案件综合审判庭根据审判实践制定了《未成年人犯罪刑事案件审理问答》。

2021年8月

太原市晋源区人民法院荣获“全国青少年维权岗”称号。

2021年9月

黎城县人民法院成立全省首个未成年人保护工作委员会办公室，设立家事审判区，设置诉前调解室、亲情疏导室，打造柔性化、专门化的家事审判环境。

2021年11月

山西省高级人民法院与中共山西省委政法委、省人民检察院等十一家单位共同印发《山西省未成年人犯罪记录封存实施办法（试行）》。

2022年1月

太原市晋源区人民法院将少年法庭的工作交由晋阳法庭，逐步推行“合和互联”工作模式。

2022年3月

太原市晋源区人民法院同区妇联联合出台《关于涉未成年人案件中开展家庭教育指导工作的指引》，成立“晋源区家庭教育指导服务站”。

太原市晋源区人民法院同晋源区人民检察院签订《关于未成年人支持起诉协作配合机制》。为深入推进平安校园和法治校园创建工作，加强未成年人普法教育，创立“源之翼”未成年人司法保护品牌。

太原市晋源区人民法院审理山西省首例酒吧侵害未成年人权利民事公益诉讼案。

太原市中级人民法院恢复组建太原市少年法庭。

阳泉市矿区人民法院发出全省首份《家庭教育令》。

2022 年 5 月

太原市中级人民法院邀请省未管所、市政协、委政法委、检察院、公安局等二十四个部门在太原市晋源区人民法院召开“法治联动　共护成长”全市未成年人审判工作座谈会。

2022 年 6 月

山西省高级人民法院召开“充分发挥司法审判职能作用，撑起未成年人保护法治蓝天”新闻发布会。

太原市中级人民法院开始编制太原市中级人民法院《少年审判工作动态》月刊。

太原市中级人民法院印发《关于进一步规范涉未成年人案件立案审判工作的通知》《关于明确涉未成年人案件范围的通知》。

2022 年 7 月

山西省高级人民法院与山西省妇女联合会、山西省人民检察院等单位联合印发《“少年儿童心向党　用心用情伴成长”2022 暑期儿童关爱服务活动工作方案》。

太原市中级人民法院牵头与十八个部门联合印发《太原市未成年人司法保护联动协作机制工作指引》《关于犯罪记录封存的工作指引（试行）》，并编印《未成年人审判和司法保护资料汇编》。

2022 年 9 月

太原市晋源区人民法院少年法庭被最高人民法院评为“人民法院少

年法庭工作先进集体”。

太原市中级人民法院印发《山西省太原市中级人民法院涉未成年人案件心理疏导工作机制（试行）》《太原市中级人民法院关于开展家庭教育指导的工作指引（试行）》。

2022 年 10 月　　太原市杏花岭区人民法院审理省内第一起涉未成年人文身公益诉讼案。

2022 年 11 月　　太原市中级人民法院印发《关于办理人身安全保护令案件的工作指引》。

2022 年 12 月　　山西省高级人民法院与山西省妇女联合会、山西省教育厅、山西省人民检察院等十八家单位共同印发《山西省关于指导推进家庭教育的五年规划（2021—2025 年）》。

太原市中级人民法院召开“青葵向阳　法护成长——太原法院未成年人审判和司法保护”新闻发布会。

太原市中级人民法院印发《关于明确涉未成年人案件范围的补充通知》。

2023 年 5 月　　太原市中级人民法院为太原市第三实验中学师生提供“订单式”“定制版”法庭开放日活动，并在太原市中级人民法院官方抖音号进行了全程网络直播。

阳泉市中级人民法院发布《阳泉法院未成年司法保护典型案例》。

太原市中级人民法院召开新闻发布会，发布《太原法院未成年人刑事审判白皮书》和五件未成年人司法保护典型案例。

2023 年 6 月

太原市中级人民法院在山西大学挂牌成立“校园法庭”，山西大学聘请太原市两级法院法官作为校外实践导师并颁发聘书。

2023 年 7 月

太原市中级人民法院制定印发《关于调整少年法庭案件受理范围的通知》，扩大涉未成年人民事案件受案范围。

阳泉市中级人民法院与市教育局签订《共建法治校园工作办法》，实现阳泉市中小学法治副校长全覆盖。

晋城市中级人民法院未成年人案件综合审判庭联合晋城技师学院成立晋城市“守心”未成年人审判社会工作中心。

2023 年 8 月

太原市中级人民法院少年法庭为太原市第三十六中师生进行了一场反诈庭审观摩活动。该活动被央视、新华网等各级新闻媒体宣传报道。

2023 年 9 月

山西省高级人民法院在民一庭设立省法院“少年审判工作办公室”，主要负责综合统筹全省涉未成年人案件审判工作，监督指导全省法院未成年人犯罪案件、侵害未成年人犯罪案件以及涉未成年人民事、行政权益保护案件的工作。

太原市中级人民法院少年法庭联合立案一庭制定《涉未成年人案件立案标注操作指引（试行）》。

2023年12月

山西省高级人民法院党组书记、院长冯军正式受聘为太原市外国语学校法治副校长。

山西省高级人民法院与省民政厅、省人民检察院等十五家单位联合印发《农村留守儿童和困境儿童关爱服务质量提升三年行动实施方案》，以进一步提高农村留守儿童和困境儿童关爱服务质量。

2024年4月

太原市中级人民法院全面启动建设青少年法治教育基地（第一期）。

晋城市中级人民法院青少年法治教育实践基地揭牌。

2024年5月

山西省高级人民法院翟瑞卿副院长作为法治副校长向太原市第三十七中学学生授课。

长治市两级法院全部设立青少年法治教育实践基地。

2024年6月

山西省高级人民法院与山西省民政厅等十一家单位联合发布《关于建立孤儿和事实无人抚养儿童信息共享和数据比对工作机制的通知》。

山西省高级人民法院发布十件保护未成年人合法权益典型案事例。

内蒙古自治区

1991 年　通辽市科尔沁区人民法院成立少年审判合议庭。

2004 年 9 月　通辽市科尔沁区人民法院钱家店法庭更名为少年审判法庭。

2004 年 12 月　通辽市科尔沁区人民法院少年法庭被最高人民法院评为“全国少年法庭工作先进集体”。

2006 年 9 月　通辽市科尔沁区人民法院少年法庭荣获“全国青少年维权岗”称号。

2009 年 8 月　包头市中级人民法院成立自治区首家独立建制的未成年人案件综合审判庭（少年庭）。

2009 年 12 月　包头市中级人民法院制定《关于圆桌审判的若干规定（试行）》《关于对非监禁未成年犯监督管理的若干规定（试行）》。

2010 年 1 月　包头市中级人民法院开始以“包少字”单独编号受理案件。

2010 年 4 月　内蒙古自治区高级人民法院发布《关于进一步加强少年法庭工作的通知》。

包头市中级人民法院举行聘任社会调查员颁证仪式。

2010 年 8 月　包头市中级人民法院首次在刑事判决书后附法官判后寄语。

2010 年 11 月　包头市中级人民法院未成年人案件综合审判庭首次受理涉及未成年服刑人员的减刑假释案件。

2012 年　包头市中级人民法院未成年人案件综合审判庭荣获“全国法院少年法庭工作先进集体”称号。

2012 年 3 月　内蒙古自治区高级人民法院正式将少年法庭工作纳入对全区各中、基层人民法院绩效考核内容。

2012 年 4 月　包头市中级人民法院、包头市人民检察院联合会签《未成年人刑事案件分案起诉分案审理的实施意见（试行）》。

2012 年 7 月　包头市中级人民法院未成年人案件综合审判庭首次引入心理评估干预机制，聘请心理咨询师为某故意杀人案的被告人进行心理评估及疏导。

2013 年 3 月　内蒙古自治区高级人民法院民一庭荣获“全国维护妇女儿童权益先进集体”称号。

2013 年 7 月　包头市政法委牵头，包头市中级人民法院联合十二家单位出台《包头市未成年人犯罪记录封存制度实施意见（试行）》。

2013年9月　内蒙古自治区高级人民法院举办全区法院少年法庭法官审判业务培训班，全区各中、基层人民法院少年法庭法官共一百二十人参加培训，并组织召开全区法院少年法庭庭长座谈会。

2014年10月　包头市中级人民法院未成年人案件综合审判庭设立心理咨询室。

2014年11月　包头市中级人民法院发布《包头市中级人民法院未成年人刑事案件心理干预工作暂行规定（试行）》。

包头市中级人民法院未成年人案件综合审判庭荣获“全国法院少年法庭工作先进集体”称号。

2015年6月　包头市中级人民法院挂牌成立自治区首家未成年人审判心理援助辅导实践基地。

内蒙古扎赉特旗人民法院成立少年法庭。

2016年10月　乌海市中级人民法院印发《乌海市保护未成年人白皮书》。

包头市昆都仑区人民法院作为最高人民法院家事审判方式和工作机制改革试点法院，将民一庭更名为“家事审判法庭”。

2016年11月　包头市中级人民法院召开媒体见面会，以“特色审判　特别关爱”为题，通报了未成年人案件综合审判庭成立七年来，积极探索适合未成年人身心特点的创新工作情况。

2017 年 9 月　包头市中级人民法院发布《关于办理未成年人刑事案件合适成年人参与刑事诉讼的若干规定（试行）》。

2017 年 10 月　包头市中级人民法院未成年人案件综合审判庭编纂出版《少年审判业务手册》。

2017 年 12 月　乌海市中级人民法院制定《未成年人刑事案件社会调查员制度实施办法》《关于判处管制、宣告缓刑的未成年人罪犯使用禁止令的有关问题的规定》。

2018 年 7 月　通辽市科尔沁区人民法院成立爱林工作室，致力于少年审判、教育矫治失足少年、青少年法治宣传教育和志愿服务工作。

2018 年 12 月　通辽市科尔沁区人民法院爱林工作室在第四届全国青年志愿服务大赛中获得全国铜奖。

2019 年 3 月　包头市中级人民法院未成年人案件综合审判庭荣获“全国青少年维权岗”称号。

2019 年 9 月　乌海市中级人民法院制定《关于对非监禁刑未成年犯监督管理、回访帮教的若干规定》。

2020 年 6 月　包头市中级人民法院被内蒙古自治区高级人民法院确定为未成年人审判工作社会支持体系建设试点法院。

2021 年 4 月　呼和浩特市中级人民法院组织市四区基层人民法院在内蒙古自治区

率先成立少年法庭。同年“六一”前，五个旗县基层人民法院也成立少年法庭，实现了呼和浩特全市两级法院少年法庭全覆盖。

2021 年 5 月

包头市中级人民法院向各基层人民法院设立的少年法庭进行授牌，实现了包头市两级法院少年法庭全覆盖。

2021 年 12 月

呼和浩特市中级人民法院、呼和浩特市司法局、呼和浩特市教育局联合呼和浩特市新闻出版版权局、呼和浩特市“扫黄打非”工作领导小组办公室，在呼和浩特市实验中学举办“宪”在普法 护航青春法治教育基地揭牌仪式。

2022 年 1 月

包头市九原区人民法院少年法庭审理一起未成年人盗窃案，针对监护人监护失职的情况，发出自治区首份《家庭教育令》。

2022 年 5 月

包头市中级人民法院出台《人身安全保护令工作指引（试行）》《家庭教育指导工作指引》《关于充分发挥审判职能　加快构建家庭教育指导工作站的指导意见（试行）》。

呼和浩特市中级人民法院主办，呼和浩特市新城区人民法院承办全市两级法院未成年人审判工作发布会暨新城区人民法院家庭教育指导工作站、赵婧工作室揭牌仪式。

2022 年 6 月

呼和浩特市中级人民法院发布八件未成年人司法保护典型案例。

包头市中级人民法院与包头市妇联共同成立法官工作站和家庭教育指导站。随后十个基层人民法院先后建立家庭教育指导工作站，实现了家庭教育指导工作站全市法院全覆盖。

2022年9月

呼伦贝尔市中级人民法院未成年人案件综合审判庭荣获“人民法院少年法庭工作先进集体”称号。

包头市中级人民法院制定《关于加强法治副校长聘任和管理工作的实施方案》，推动法治副校长工作向纵深推进，常态化、制度化开展。

2022年11月

乌海市中级人民法院制定《关于未成年人犯罪记录封存的实施细则》。

乌海市两级法院“未成年人合议庭”集中挂牌成立，负责依法审理涉及未成年人的刑事、民事、行政相关案件。

2023年2月

包头市中级人民法院加强部门联动，与包头市教育局、公安局、人民检察院、司法局等部门联合发布《包头市中小学法治副校长工作任务清单》的通知。

2023年5月

内蒙古自治区高级人民法院制定并发布《内蒙古自治区高级人民法院“我为妇女儿童办实事——向日葵行动”实施方案》，将全区法院系统2021—2030年妇女儿童工作任务分解细化，制定具体的实施步骤及举措。

2023年6月

呼和浩特市中级人民法院被最高人民法院通报表扬为“全国法院妇女岗位建功表现突出集体”。

2023年8月

内蒙古自治区高级人民法院发布《关于加强少年审判工作的实施方案（试行）》，设立少年审判工作领导小组及办公室，推动全区少年审判工作有序开展。

2023年10月

乌海市中级人民法院民一庭荣获“全国维护妇女儿童权益先进集体”称号。

2023年11月

内蒙古自治区高级人民法院杨宗仁院长受聘为呼和浩特市第二十九中学法治副校长。

内蒙古自治区高级人民法院发布未成年人司法保护十大典型案例。

全国妇联党组书记、副主席、书记处第一书记黄晓薇一行到呼和浩特市新城区人民法院调研。

2023年12月

呼和浩特市中级人民法院未成年人案件综合审判庭荣获“全国法院先进集体”称号。

呼和浩特市两级法院成立百人法治副校长宣传团队。

2024年4月

内蒙古自治区高级人民法院、呼和浩特市中级人民法院和呼和浩特市新城区人民法院三级法院以“助‘她’幸福·护‘未’成长”为主题共同举办“2024向日葵行动内蒙古三级联动开放日”活动。

包头市中级人民法院与包头市团市委、市教育局联合发布“以案说法，护航小鹿”案例选编，并在辖区二百余所学校发放。

2024年5月

通辽市中级人民法院发布《少年审判工作白皮书》。

通辽市中级人民法院举行“通法护未　与法童行”未成年人保护典型案例发布会，向社会发布五件未成年人司法保护典型案例。

包头市中级人民法院与包头市妇联共同签发了《关于联合建立家庭教育指导、保障妇女儿童权益协同工作机制的实施意见》。

包头市中级人民法院与包头市教育局等六个部门联合印发《包头市中小学校法治副校长考核评价制度》。

包头市中级人民法院与包头市委宣传部、政法委、精神文明办联合开展了2024年全市中小学社会心理健康教育研学实践活动。

包头市中级人民法院召开新闻通报会，会同包头市法学会发布了八件未成年人司法保护典型案例。

2024年8月

呼和浩特市新城区人民法院在受理一起离婚后藏匿未成年子女的侵害人格权纠纷案件中，发出全自治区省份《人格权侵害禁令》。

辽宁省

2007 年 7 月　沈阳市中级人民法院在全省法院率先成立了独立建制的少年审判庭。

2009 年 6 月　沈阳市中级人民法院与沈阳电台新闻台联办的“托起明天的太阳——法官之声”节目，共播出五十一期。

2010 年 5 月　沈阳市中级人民法院成立社会工作者站。

2012 年 11 月　沈阳市中级人民法院出台《未成年人案件审判白皮书》，与沈阳医学院共建“法制教育技能培训基地”。

2014 年 12 月　沈阳市中级人民法院未成年人案件综合审判庭荣获“全国法院少年法庭工作先进集体”“全国青少年维权岗”称号。

2016 年 9 月　本溪市中级人民法院少年审判庭荣获“全国青少年维权岗”称号。

2019 年 11 月　沈阳市中级人民法院少年及家事案件审判庭荣获“全国青少年维权岗”“全国维护妇女儿童权益先进集体”称号。

2020 年 9 月　沈阳市中级人民法院少年及家事案件审判庭创作低龄儿童防性侵绘本《你可以说“不可以”》，录制动漫短视频，并向社会公众赠送公益绘本，开展低龄儿童防性侵法治宣传。

2021 年 6 月　　辽宁省高级人民法院出台《关于加强新时代未成年人审判工作的实施意见》，成立少年法庭工作领导小组。

辽宁省高级人民法院召开新闻发布会，发布六件涉未成年人刑事、民事、行政典型案例。

2022 年 1 月　　沈阳市中级人民法院少年及家事案件审判庭拍摄的预防青少年毒品犯罪的微电影《一念之间》荣获全国法院第八届“金法槌奖”微电影优秀奖。

2022 年 3 月　　辽宁省高级人民法院组织全省法院少年法庭集中开展“辽法护蕾 2022”专项行动。

2022 年 5 月　　辽宁省高级人民法院少年法庭工作领导小组办公室发布《关于设立中小学法治副校长人员库的通知》。

2022 年 7 月　　辽宁省高级人民法院组织全省各中级、基层人民法院集中开展少年法庭挂牌工作，全省共有一百一十二家法院设立少年法庭工作机制或完成挂牌。

2022 年 8 月　　盘锦市大洼区人民法院少年法庭荣获“人民法院少年法庭工作先进集体”。

2023 年 2 月　　辽宁省高级人民法院印发《第五届“关爱明天、普法先行”青少年法治宣传教育活动暨“辽法护蕾”常态化工作方案》的通知。

2023 年 6 月	辽宁省高级人民法院召开新闻发布会，通报 2022 年来全省法院未成年人司法保护总体情况，介绍部分地方法院工作亮点。
2023 年 11 月	盘锦市大洼区人民法院少年法庭荣获“全国维护妇女儿童权益先进集体”称号。

吉林省

1988 年　吉林市船营区人民法院成立吉林省首个少年合议庭。

1991 年　龙井市人民法院成立汉、朝双语少年法庭。

1992 年　长春市朝阳区人民法院建立少年刑事审判庭。

1999 年　公主岭市人民法院少年审判庭荣获“全国青少年维权岗”称号。

2000 年　长春市二道区人民法院、吉林市船营区人民法院荣获“全国青少年维权岗”称号。

2001 年　敦化市人民法院、吉林市昌邑区人民法院荣获“全国青少年维权岗”称号。

2003 年　长春市中级人民法院刑二庭、白山市中级人民法院刑事审判庭荣获“全国青少年维权岗”称号。

2005 年　长春市中级人民法院刑事审判二庭、吉林市船营区人民法院刑事审判庭荣获“全国青少年维权岗”称号。

2006年	长春市朝阳区人民法院恢复组建少年法庭。
2006年10月	吉林市船营区人民法院成立全省首个青少年模拟法庭。
2008年	吉林市中级人民法院在全省率先开展城区未成年人刑事案件集中管辖，由吉林市船营区人民法院集中审理吉林市城区未成年人刑事案件。同时完善配套机制，建立异地户籍未成年人平等适用非监禁刑标准化流程。
2009年	长春市朝阳区人民法院少年法庭、吉林市船营区人民法院未成年人刑事审判庭荣获“全国青少年维权岗”称号。
	长春市中级人民法院指定长春市朝阳区人民法院、长春市宽城区人民法院集中审理未成年人刑事案件。
2009年9月	长春市朝阳区人民法院受长春市中级人民法院指定管辖，集中审理长春市城区未成年人刑事案件。率先建成“数字化圆桌审判法庭”。《人民法院报》以《小法庭建成爱心大家庭》为题刊载该院少年法庭事迹。
2013年	长春市朝阳区人民法院、吉林市船营区人民法院、长岭县人民法院少年法庭荣获“全国青少年维权岗”称号。
2013年1月	辽源市委政法委专题会议决定，在辽源市西安区人民法院单独设置少年审判庭，集中管辖全市基层人民法院受理的未成年人刑事案件。

2014年11月　长春市朝阳区人民法院、吉林市船营区人民法院荣获“全国法院少年法庭工作先进集体”称号。

2014年12月　辽源市西安区人民法院与共青团辽源市委、未保委办公室、综治委预防青少年违法犯罪专项组办公室建立合适成年人及社会观护员协作机制，将其引入未成年人刑事、民事审判工作。

2015年　松原市宁江区人民法院少年审判庭、辽源市西安区人民法院少年法庭、长春市宽城区人民法院荣获“全国青少年维权岗”称号。

2015年1月　辽源市西安区人民法院少年审判庭荣获“全国巾帼文明岗”称号。

2016年2月　辽源市西安区人民法院开展少年审判综合庭试点工作，从民事、行政等其他法庭选定法官，专门审理涉未成年人案件。

2016年10月　辽源市西安区人民法院以少年审判庭为基础成立家事少年案件审理中心，集中审理辽源地区的家事少年案件。

辽源市西安区人民法院少年审判庭荣获“全国青少年维权岗”称号。

2017年7月　由白山市江源区政法委牵头，区公检法司四部门联合，在白山市江源区第二十中学组建全省首个在学校设立的少年模拟法庭。

2018年1月　辽源市西安区人民法院少年审判庭荣获“全国法院先进集体”称号。

2019年2月	辽源市西安区人民法院少年审判庭荣获“全国青少年维权岗”称号。
2019年12月	辽源市西安区人民法院民事审判庭（加挂少年法庭牌子）荣获“全国维护妇女儿童权益先进集体”称号。
2020年	延吉市人民法院刑事审判庭、长春市中级人民法院刑事审判二庭、长岭县人民法院刑事审判第二合议庭荣获“全国青少年维权岗”称号。
2020年5月	吉林省高级人民法院联合吉林省妇联印发《关于进一步加强合作建立健全妇女儿童权益保护机制的意见》。
2021年3月	吉林省高级人民法院设立未成年人审判工作领导小组并印发《关于进一步加强新时代未成年人审判工作的指导意见》。
2021年4月	辽源市西安区人民法院少年审判庭荣获“全国五一巾帼标兵岗”称号。
2021年7月	吉林省高级人民法院指导辖区内有条件的五十四个中基层人民法院集中挂牌设立少年法庭。
2022年4月	白山市中级人民法院拍摄全省首部未成年人警示教育微电影《人生不能模拟》。
2022年5月	梨树县人民法院制发全省首份《犯罪记录封存制度实施细则》。
2022年6月	永吉县人民法院制发全省首份《未成年人犯罪记录封存通知书》。

2022 年 7 月	长春市双阳区人民法院在省内首先建立“三审合一”审判模式，将涉未成年人刑事、民事、行政案件纳入少年法庭受案范围集中审理。
2022 年 10 月	榆树市人民法院、辽源市西安区人民法院作为全省少年审判改革试点单位，少年法庭开启“刑事、民事、行政三合一”审判模式。
2022 年 12 月	长春市经开区人民法院作出吉林省首份从业禁止判决。
2023 年	白山地区两级法院建立非监禁刑未成年人帮教回访工作机制，建立回访台账，定期跟踪回访。
2023 年 1 月	长春市双阳区人民法院创设全省首个少年审判品牌——“阳·辉”。
2023 年 2 月	吉林省高级人民法院开展“向电信网络诈骗说不”专项活动。
2023 年 4 月	长春市双阳区人民法院与区教育局首次在全省建立性侵未成年人通报制度，定期向教育部门通报涉案罪犯信息。
2023 年 5 月	吉林省高级人民法院组织“六一”法治宣传教育月活动，并召开新闻发布会，发布吉林省涉未成年人典型案例。
	长春市双阳区人民法院与区民政局、共青团联合建立未成年人探望制度，保证离婚家庭父母对未成年子女探望权的实现，发布《探望权履行承诺书》。
	白山市浑江区人民法院少年法庭组织拍摄全省首部“预防聚众斗

殴”“预防性侵”普法宣传短片。

2023年6月　吉林省高级人民法院举办“公众开放日”活动。

梨树县人民法院制发全省首份《家庭教育指导工作实施细则》。

梨树县人民法院与县教育局等部门联合会签全省首份《落实教职员工从业禁止制度的实施细则》。

2023年7月　吉林省高级人民法院未成年人审判工作领导小组更名为吉林省高级人民法院少年审判工作领导小组，在民一庭设办公室。

2023年9月　吉林省高级人民法院院长徐家新受聘东师附中青华学校法治副校长并讲授法治公开课。

长春市双阳区人民法院与市看守所、区司法局、民政局联动，在全省首次建立刑满释放未成年人护送制度，助力未成年罪犯重返社会。

2023年10月　四平市中级人民法院审理案件过程中发现存在学生欺凌现象，向四平市教育局发出司法建议书。

2023年11月　吉林省高级人民法院向省教育厅发出《关于预防教职员工侵害未成年人犯罪的司法建议书》；向省公安厅、省委网信办等七家省级部门发出《关于加强帮助信息网络犯罪活动罪源头治理工作的司法建议书》。

吉林省高级人民法院与省民政厅等多部门联合制定《吉林省留守儿

童和困境儿童关爱服务质量提升三年行动实施方案》。

2023 年 12 月

央视 CCTV17 频道《乡理乡亲》栏目播出调解案件纪实——《从未遗失的爱》，展示辽源市西安区人民法院青少年权益保护特色。

2024 年 4 月

全省法院联动开展“保护妇女儿童权益专题开放日活动”。

吉林省高级人民法院组织召开妇女儿童权益司法保障专题座谈会，邀请省人大代表、政协委员、妇联、团省委、省教育厅等部门及部分中基层人民法院代表参加会议。

长岭县人民法院办理一起离婚案件随案发出全省首份《关爱未成年人提示》。

白山市江源区人民法院拍摄制作全省首部反对学生欺凌普法短剧《保护少年的你》。

2024 年 5 月

白山市中级人民法院刑二庭成立“法官妈妈”爱心团队，为困境未成年人提供普法教育、心理关怀等关爱行动。

2024 年 6 月

吉林省高级人民法院召开新闻发布会，通报 2023 年全省法院少审工作情况、发布典型案例，并就当下社会关注的未成年人司法保护相关问题予以回应。

2024 年 7 月

白山市中级人民法院与市妇联成立“家事共享法庭”，为未成年子女提供关爱帮扶的新平台。

黑龙江省

1991 年 6 月

黑龙江省高级人民法院成立少年法庭工作指导机构即少年法庭工作指导小组，组织筹建少年法庭相关工作。

1992 年 3 月

哈尔滨市道外区人民法院成立全省第一个独立建制的未成年人刑事案件审判庭。

鸡西市鸡冠区人民法院成立独立建制的少年法庭，并于 2019 年更名为家事少年审判庭。

1992 年 4 月

黑龙江省高级人民法院先后发布《少年法庭工作的几点意见》《关于对未成年被告人的处刑原则》，对少年法庭工作进行全面指导。

1992 年 9 月

黑龙江省高级人民法院举办少年法庭审判干部培训班，对全省法院二百四十余名少审人员进行专业培训。

1993 年 9 月

黑龙江省高级人民法院举办全省少年法庭工作经验交流会，同时举办工作成果图片展览。

1995 年 5 月

黑龙江省高级人民法院在本院设立少年法庭指导小组办公室。同时，联合省公安、检察、司法行政机关建设未成年人案件审理“政法一条龙”，协调共青团、妇联、省未成年人保护委员会、省综治办等单位建立了对未成年人审后帮教机制。

1996 年 6 月　　黑龙江省高级人民法院派员参加联合国儿童权利基金会和中国关工委联合举办的《世界儿童权利公约》培训班。

1997 年 4 月　　黑龙江省高级人民法院召开全省少年法庭工作座谈会，全面总结少年法庭工作情况，并发布《全省法院少年法庭工作座谈会纪要》《关于进一步加强少年法庭工作的决定》。

1998 年 10 月　　黑龙江省高级人民法院联合黑龙江省人民检察院制发文件，在牡丹江市东安区、鸡西市鸡冠区、鹤岗市工农区、佳木斯市前进区创新性建设未成年人犯罪案件指定管辖试点。

1999 年 7 月　　北安市人民法院成立独立建制的少年审判庭。

1999 年 11 月　　牡丹江市东安区人民法院荣获“全国未成年人保护工作先进集体”称号。

2001 年 5 月　　黑龙江省高级人民法院刑一庭少年法庭荣获“全国青少年维权岗”称号。

2005 年 7 月　　佳木斯市中级人民法院正式实施刑事社会调查制度，实行“三段式”服务，将庭前调查、参与诉讼、跟踪帮教作为社会调查工作重点。

2005 年 10 月　　佳木斯市中级人民法院和桦南县人民法院法官接受央视社会与法频

道采访，展示对未成年被告人进行帮教、促进其改过自新的工作经验。

2006年7月　　全国未成年人案件综合审判庭试点工作会议指定佳木斯市中级人民法院作为试点法院，综合审理涉未成年人刑事、民事、行政案件以及未成年罪犯的减刑、假释案件。

2006年9月　　北安市人民法院荣获“全国青少年维权岗”称号。

2007年5月　　哈尔滨市中级人民法院和哈尔滨市道里、道外、南岗、香坊四个主城区人民法院成立独立建制的少年法庭，其他十四个基层人民法院也在刑庭内设少年法庭并对外挂牌。

2011年3月　　黑龙江省高级人民法院发布意见，要求落实中央综治委等六个部门发布的《关于进一步建立和完善办理未成年人刑事案件配套工作体系的若干意见》，对建立和完善全省办理未成年人刑事案件配套工作体系，促进少年法庭的科学发展提出明确要求。

2016年3月　　黑龙江省高级人民法院发布全省法院少年法庭工作白皮书及六件典型案例。

2016年12月　　哈尔滨市中级人民法院和道里、道外、南岗、香坊区基层人民法院的少年法庭更名为家事少年审判庭，积极探索家事审判和少年审判融合发展路径。

2017年6月　　牡丹江市东安区人民法院挂牌成立全省首家法官心理咨询室、未成年人矫治中心，由有心理咨询师资质的法官对罪错未成年人、未成年被害人等开展心理矫治、疏导和健康教育。

2018 年 12 月　大庆高新技术产业开发区人民法院建设未成年犯非监禁刑判后帮教网络平台工作，入选最高人民法院举办的“改革开放中的人民法院”专题展。

2019 年 11 月　双鸭山市中级人民法院民事审判一庭荣获“全国维护妇女儿童权益先进集体”称号。

2021 年 2 月　哈尔滨市中级人民法院与公安、检察机关联合制发《关于对涉未成年人刑事案件实行属地管辖的通知》，将原涉未成年人刑事案件集中管辖改为属地管辖，并明确了受案范围。

2021 年 5 月　黑龙江省高级人民法院党组决定建立未成年人审判领导工作机制，统筹指导全省未成年人案件审判工作。

2021 年 7 月　黑龙江省高级人民法院举行全省法院第一批少年法庭集中挂牌、揭牌仪式。全省七十九家法院和一个法庭参加本次集中挂牌、揭牌仪式。

伊春市中级人民法院印发《关于进一步完善少年法庭工作机制的实施意见》。

2021 年 12 月　牡丹江市东安区人民法院荣获“全国维护妇女儿童权益先进集体”称号。

2022年3月

北安市人民法院率先实行少年审判“三合一”审理模式，集中审理涉未成年人刑事、民事、行政案件。

黑河市中级人民法院联合十四家单位开展新时代未成年人审判工作专项行动，共同提升未成年人审判工作水平。

黑河市中级人民法院设立专门的新时代未成年人品牌工作室，与圆桌审判法庭相结合，全过程全方位展示未成年人审判工作的各项成果。

2022年4月

黑龙江省高级人民法院与教育行政部门联合制发文件，在全省法院选派干警担任中小学校法治副校长，实现法院干警担任中小学法治副校长“一对一、全覆盖”。

2022年5月

黑龙江省高级人民法院时任院长石时态受聘出任哈尔滨市花园小学法治副校长，并以直播的形式为全市中小学生讲授法治课。

2022年7月

经黑龙江省高级人民法院报请省委编委办批准，全省十六个中级人民法院、一百四十二个基层人民法院实现少年法庭设置全覆盖。

2022年8月

在全国法院第七次少年法庭工作会议上，全省法院共有两个少年法庭、四名少审法官被最高人民法院分别评为“人民法院少年法庭工作先进集体”和“人民法院少年法庭工作先进个人”。

大庆高新技术产业开发区人民法院于2017年在全省率先研发集心理疏导、职业培训、在线读书等帮教服务于一体的“未成年人判处非监禁刑判后帮教平台”，在此经验基础上，于 2022 年创建全省首家未成年人保护网站——“益童网”，向未成年人多元化、趣味化普法。

2022 年 11 月

大庆高新技术产业开发区法院对一名实施强制猥亵犯罪的培训班老师判处刑罚并判令终身禁业，系全省首例宣告终身禁止从事密切接触未成年人工作的刑事案件。

2022 年 12 月

黑龙江省高级人民法院总结 2016 年至 2022 年少年审判工作经验成果，撰写《黑龙江法院少年法庭工作白皮书》。

佳木斯市中级人民法院以“法治＋心理＋志愿服务模式”打造“佳法·青苗”少年审判品牌。

2023 年 3 月

黑龙江省高级人民法院首次邀请心理专家以《青少年常见心理问题的发现与应对》为题，对三级法院少年法庭人员进行专题培训。

2023 年 4 月

黑河市中级人民法院拍摄的《未来可期》系列法治微电影在中央政法委、省委政法委官网播出并获第十届“金法槌奖”优秀奖。

2023 年 6 月

黑龙江省高级人民法院发布八件保护未成年人权益典型案例。

佳木斯市中级人民法院在市内六所学校组建以学生为主体的“青苗·学法讲法小宣讲团”，“六一”儿童节同步上线“青苗·少年说法”栏目。

2023 年 9 月　　黑龙江省高级人民法院院长党广锁受聘为哈尔滨市第九中学法治副校长，并为全省中小学生直播讲授法治课。

2023 年 10 月　　黑龙江省高级人民法院立案二庭荣获“全国维护妇女儿童权益先进集体”称号。

2023 年 12 月　　黑龙江省高级人民法院针对旅馆业监管问题向公安机关提出司法建议，并制发《关于认真做好黑龙江省高级人民法院“九号司法建议”一体落实工作的通知》，切实守好未成年人住宿安全防线。

2024 年 1 月　　黑龙江省高级人民法院与检察机关联合制发通知，取消对牡丹江、佳木斯、鸡西、鹤岗等地区基层人民法院未成年人刑事案件集中管辖的规定，统筹优化壮大少年审判力量。

2024 年 3 月　　黑河市中级人民法院联合公安、检察机关、教育行政部门在全市范围内开展为期二十天的全市留宿中小学专项保护行动。

2024 年 4 月　　哈尔滨市南岗区人民法院在审理一起涉及未成年子女离婚案件时，制发全省首份《关爱未成年人提示》。

佳木斯市中级人民法院在辖区基层人民法院培塑十个“青苗”子品牌，形成少年审判品牌矩阵效应，以特色品牌推动少年审判工作高质量发展。

佳木斯市中级人民法院与民政部门签发《关于在涉及未成年子女协议离婚登记中开展“关爱未成年人提示”工作的实施办

法（试行）》，全国首创将“关爱未成年人提示”工作延伸至婚姻登记中。

2024年5月

黑河市中级人民法院与教育行政部门建立全市法院法治副校长参与校园内矛盾纠纷化解工作机制。

上海市

1984 年 10 月	长宁区人民法院成立全国首个“少年犯合议庭”。
1984 年 11 月	长宁区人民法院受理首起未成年人刑事案件，并进行当庭宣判。
1987 年	长宁区人民法院率先提出“政法一条龙”，从羁押、预审、起诉、审判、辩护到管教各环节，充分调动公、检、法、司力量，把对未成年人的特殊关注和处理由单独的审判扩展到整个少年司法过程，实现从“少年审判”到“少年司法”的延伸。
1987 年 11 月	长宁区人民法院在全国首次创设“政法一条龙”的少年司法配套工作体系，1991 年建立工青妇教共同参与的“社会一条龙”配套工作体系。
1988 年 7 月	长宁区人民法院成立全国第一个独立建制的少年刑事审判庭。
1988 年 10 月	长宁区人民法院制定《未成年人刑事审判工作细则（试行）》，首创社会调查、法庭教育、法定代理人出庭、回访考察等机制。
1989 年 8 月	长宁区人民法院创办全国首个“为孩子父母学校”。

1994年4月	长宁区人民法院形成第一份表述未成年被告人表现情况的刑事判决书，1996年又增加表述对未成年人犯罪原因分析的内容，被最高人民法院办公厅纳入2001年未成年人刑事判决书样式。
1994年5月	长宁区人民法院与长宁区老年护理医院创建全市首个“特殊青少年劳动教育考察基地”。
1994年11月	上海市高级人民法院召开少年法庭工作交流研讨会，纪念少年法庭成立十周年。
1995年2月	长宁区人民法院对未成年被告人试行全市首例非刑罚处罚方法。
1996年6月	长宁区人民法院少年法庭首次举办“十八岁成人意识教育活动”。
1998年	原闸北区人民法院在全国率先探索在未成年人刑事案件审理过程中引入心理测量机制。
1998年1月	普陀区人民法院全国首创“三段两议”涉少刑事案件庭审程序。
1999年3月	上海市高级人民法院、检察院、公安局、司法局发布《关于对本市未成年人刑事案件指定管辖的意见》，指定四家基层人民法院集中审理未成年人刑事案件。
2001年11月	上海市高级人民法院第一次向最高人民法院提出建议试点设立少年法院的请示报告。

2006 年	普陀区人民法院全国首创审执与帮教兼顾的无缝衔接制度，将社区工作者引入庭审及后续社区矫正、出狱，实现法庭教育及判后帮教的无缝衔接。
2006 年 3 月	长宁区人民法院向涉罪少年及其家长发放全市第一份《法官提示》。
2007 年 4 月	长宁区人民法院在全市首次引入社工作为合适成年人参与未成年人刑事案件开庭。
2008 年	浦东新区人民法院关注来沪民工子女，启动全市首个“春天的蒲公英——新上海人第二代与法牵手”项目，帮助来沪未成年人提升城市认同感，树立法治观念、规则意识。
2008 年 12 月	长宁区人民法院参与“中德未成年人刑事案件模拟法庭”交流活动，中方、德方分别就同一刑事案件模拟开庭。
2010 年	上海市高级人民法院与上海市司法局共建立六个市级“过渡性安置培训基地”，为未满十六周岁的缓刑人员提供技能培训和学习劳动场所。
2011 年 10 月	浦东新区人民法院建立全市首个公检法司配套实施的未成年人犯罪记录封存体系。
2011 年 12 月	上海市高级人民法院与团市委合作聘请三百余名青少年社工全程参与涉未成年人案件的社会调查和观护回访工作。

2013年1月	浦东新区人民法院建立全市首家心理咨询室“私语轩”。
2013年6月	普陀区人民法院在全国首次实践探望监督人机制。
2014年4月	原闸北区人民法院在全市率先将涉少离婚案件纳入少年庭受案范围。
2016年	上海市第一中级人民法院审理并宣判全国首例“代孕”引发的监护权纠纷案。
2017年5月	长宁区人民法院在全国首次探索引入未成年人财产第三人监管制度。
2017年11月	普陀区人民法院在全国首次创设儿童权益代表人制度。
2018年11月	郑某等八名被告人虐待被看护人案（即上海携程亲子园虐童案）在长宁区人民法院一审宣判。
2019年5月	上海市委政法委、检察院、上海市高级人民法院、公安局、司法局等十六家单位联合发布《关于建立涉性侵害违法犯罪人员从业限制制度的意见》，系全国首个省级涉性侵害违法犯罪人员从业限制意见。
2021年	长宁区人民法院创建全市首家探望监督场所“青梓荟”。全市各法院相继建立探望监督配套工作制度。
	上海市第二中级人民法院与上海市教育委员会、青少年服务和权益保护办公室联合举办首届校园法治辩论赛，邀请该院辖区内中学组

建高中生辩论队参赛。

2021年4月　上海法院首届“百校百讲”活动正式启动，组织讲师团前往一百所学校开展一百次法治宣讲。

2021年5月　上海市高级人民法院召开上海法院未成年人审判工作新闻发布会，发布上海法院未成年人司法保护优秀案例。

徐汇区人民法院在全市首创抚养费提存监管制度。

2022年1月　长宁区人民法院发出全市首份《家庭教育指导令》。

2022年7月　上海市高级人民法院等多部门联合制定了《上海市未成年人特别保护操作规程》，规范因监护缺失或监护不当情形陷入困境的未成年人的特别保护工作。

2023年5月　宝山区人民法院召开全市首次《涉未成年人案件执行工作白皮书》暨设立涉未成年人纠纷专项执行团队发布会。

2023年6月　上海市高级人民法院发布未成年人司法保护十大典型案、事例。

2023年8月　长宁区人民法院首创监护监督机制，全国首次激活《民法典》关于村、居委会监督、指导、帮助监护人履行监护职责的规定。

2024年4月　上海市第一中级人民法院制定《涉未成年人案件“三合一”审判实施细则》。

江苏省

1988 年

南京市玄武区人民法院成立少年刑事法庭，启动少年法庭试点工作。

1991 年 8 月

常州市天宁区人民法院在全国率先成立综合性少年案件审判庭，这是全国首家独立建制的综合性少年案件审判庭，审判经验被最高人民法院誉为“天宁模式”。

1991 年 11 月

常州市天宁区人民法院被最高人民法院确定为全国综合审理未成年人案件试点单位后，公开开庭审理少年民事案件“三少年状告人武部案”，受到了中央人民广播电台、《法制日报》《新华日报》等新闻媒体的广泛报道。

1998 年 5 月

连云港市中级人民法院指定新浦区人民法院、海州区人民法院集中管辖未成年人刑事案件，在全国率先探索未成年人刑事案件集中指定管辖。

2001 年 8 月

少年法庭成立十周年纪念大会暨全国部分法院少年审判工作研讨会在常州市天宁区人民法院召开。

2002 年 1 月

南京市中级人民法院在全国率先启动“正苗工程”未成年犯帮扶帮教活动，连续 22 年坚持不懈，开创针对罪错未成年人延伸司法保护先河。

2006 年 江苏省高级人民法院牵头，与省人民检察院、省公安厅、省司法厅联合，率先在全省范围内规范了刑事案件未成年被告人审前调查工作。

2008 年 5 月 江苏省召开少年法庭工作二十周年纪念暨表彰大会。

2008 年 8 月 原无锡市崇安区人民法院（现无锡市梁溪区人民法院）作出我国第一份反家暴领域人身安全保护裁定，将事后惩罚施暴者转变为事前保护受害人，开辟了国家公权力介入家庭暴力防治的新途径。

2010 年 2 月 昆山市人民法院在昆山市看守所成立全国第一家“少年法庭励志学校”。

2011 年 3 月 徐州市中级人民法院少年庭印发《徐州市少年审判条线工作综合考评办法》，在全省率先实现少年审判条线的统一考核。

2011 年 4 月 央视“焦点访谈”栏目以《让监护不再缺失》为题，对关心帮扶留守儿童及徐州市云龙区人民法院开展预防留守儿童犯罪工作进行了专题报道。

2011 年 5 月 徐州市贾汪区人民法院增设家事审判庭，成为全国第一家成立家事审判庭的法院。

2012 年 5 月 徐州市铜山区人民法院向国家中小学教材审委会发出的《关于加强

教材审查修订的司法建议》，被评为第一届全国法院优秀司法建议。

2013 年 3 月　央视《今日说法》两会特别栏目“小撒探会”以《服刑在高墙之外》为题对太仓市人民法院、司法局联合开展社区矫正工作进行了专题报道。

2013 年 5 月　以邳州市人民法院救助孤儿在法庭上举行婚礼为原型拍摄的微电影《法庭婚礼》，获青年文明号微电影大赛最佳电影一等奖。

2013 年 6 月　苏州市中级人民法院联合市公安局、检察院、妇联在全国率先制定《苏州市家庭暴力告诫办法》。

2013 年 7 月　南京市中级人民法院在全国率先成立未成年人及家事案件审判庭。

2013 年 8 月　徐州市中级人民法院增设家事审判庭，与少年庭合署办公，成为全国中级人民法院中第一家成立家事庭的法院。

2013 年 9 月　南京市中级人民法院依法审理“乐某饿死女童案”，推动最高人民法院、最高人民检察院、公安部、民政部出台《关于依法处理监护人侵害未成年人权益行为若干问题的意见》，填补了监护制度法律空白。

2014 年 2 月　江苏省苏州工业园区人民法院选送的预防青少年犯罪微电影《人生不定格》，荣获全国法院系统首届十佳微电影。

2014 年 5 月　盱眙县人民法院发出全国首份《留守儿童督促令》，让两名留守儿童见到了打工五年的父亲。

2014年9月　常州市新北区人民法院创立集普法宣传、法治教育和司法服务为一体的全国法院系统首家民办非企业社会组织“灯塔萌”。

2014年11月　全国法院少年法庭成立三十年座谈会上，江苏法院系统共有五个集体和五名个人被评为“全国法院少年法庭工作先进集体”和“人民法院少年法庭工作先进个人”。

2015年2月　徐州市铜山区人民法院审结全国首例民政部门申请撤销监护人资格案。

2015年10月　南京市中级人民法院依法审理“李某某虐童案”，被评为2015年全国法院十大刑事案件，促进了《中华人民共和国反家庭暴力法》出台。

2016年1月　盐城市大丰区人民法院拍摄的法治宣传片《谁来爱他》，在央视《道德观察》栏目播出。

2016年3月　淮安市清江浦区人民法院在《反家庭暴力法》实施当天发出全国首份《人身安全保护令》。

2017年12月　徐州市铜山区人民法院自行设计印制并在全国首发监护权证明书，被媒体称之为“最暖心的证明”。

2018年5月　泰州市海陵区人民法院少家庭在全国首创“离异家庭子女成长档

案”，打造“XIN”海港湾亲职教育驿站。

2019 年

南京市中级人民法院未成年人及家事案件审判庭获得“全国巾帼文明岗”表彰。

2021 年 4 月

泰州市中级人民法院对五岁女童热心助人致残案作出判决，《法治日报》《人民法院报》、央视《社会与法》栏目等中央级媒体及各大网络平台报道转发，该案被写入 2023 年最高人民法院工作报告。

2021 年 5 月

江苏省高级人民法院少年案件审判庭挂牌成立。至此，江苏全省一百二十一家法院均单独设立或增挂少年法庭牌子，在全国率先实现三级法院少年案件审判机构全覆盖。

2021 年 6 月

宿迁市中级人民法院公开宣判一起未成年人保护民事消费公益诉讼案件，判决被告章某停止为未成年人文身，并向社会公开赔礼道歉。该案不仅是全国首例未成年人保护民事消费公益诉讼案件，更是适用新“未保法”的全国司法判决第一案，推动国务院出台文件加强未成年人文身治理。

2021 年 10 月

江苏省高级人民法院统一全省法院少年法庭受案范围。

淮安市清江浦区人民法院在一起收养纠纷案件中发出全国首份《责令接受家庭教育指导令》。

2021 年 12 月

江苏省高级人民法院出台《少年审判工作中规范使用心理咨询专家的通知》，并成立少年审判心理咨询专家库。

2022年1月	江苏省高级人民法院联合省妇联、民政厅等单位在全国率先出台《关于在涉未成年人案件中开展家庭教育指导工作的实施意见（试行）》。
2022年5月	宿迁市中级人民法院依法审理全国首例电竞酒店向未成年人提供上网服务民事公益诉讼案，判决涉案酒店立即停止向未成年人提供互联网上网服务，并于判决生效后在国家级媒体公开向社会公众书面赔礼道歉，保护了未成年人健康权、发展权等合法权利和社会公共利益。
	常州市天宁区人民法院发出全国首份《强制心理干预人身安全保护令》。
2022年9月	全国法院第七次少年法庭工作会议上，江苏法院系统两个集体、五名个人分别荣获人民法院少年法庭工作先进集体和先进个人。
2022年11月	淮安市中级人民法院未成年人和家事审判庭审结全国首例酒吧侵害未成年人权益的民事公益诉讼案。
2022年12月	溧阳市人民法院在全国法院系统首创“青少年关护员”制度。
2023年	南京市秦淮区人民法院的“要素式”智慧家事审判系统被最高人民法院评为“人民法院重大科技创新成果”。
2023年3月	盱眙县人民法院发出全国首份《家庭教育指导委托函》。

2023 年 7 月

苏州市中级人民法院与嘉兴市中级人民法院就涉少家事案件中委托家庭教育指导工作签订合作协议，首开“长三角”地区异地委托家庭教育指导先河。

2023 年 9 月

淮安市清江浦区人民法院少年及家事审判庭荣获全国“青年文明号”称号。

2023 年 10 月

扬州市中级人民法院家少庭荣获“全国维护妇女儿童权益先进集体”称号。

2024 年 5 月

泰州市海陵区人民法院少家庭联合区妇联出台全国首个《涉诉未成年人家庭教育评估规范》地方性标准。

2024 年 6 月

江苏法院少年法庭建立专门人民陪审员库。

浙江省

1988 年　　海宁市人民法院在刑事审判庭内设立少年刑事案件法庭，是全国最早一批成立少年刑事法庭的法院。

1991 年　　杭州市中级人民法院与市人民检察院、市公安局、市司法局联合发布《关于办理少年刑事案件建立相互配套工作体系的通知》。

1993 年 7 月　　海宁市人民法院成立独立建制的少年案件审判庭，审理涉未成年人刑事、民事案件。

1999 年 11 月　　温州市鹿城区人民法院建立全国首个“异地籍青少年帮教基地”。

2003 年 4 月　　湖州市南浔区人民法院刑事审判庭组成涉未成年人案件合议庭专门审理涉未成年人刑事案件。

2004 年 5 月　　湖州市南浔区人民法院首次采用圆桌审判方式审理未成年犯盗窃一案。

2010 年 2 月　　宁波市中级人民法院成立全省首家未成年人案件综合审判庭。

2012 年 4 月　　湖州市南浔区人民法院增设未成年人案件综合审判庭，由刑事审判庭代为管理。同时成立温暖工作室，组建全女性的未成年人案件巾帼审判团队。

2013 年 5 月 原杭州市江干区人民法院（现杭州市上城区人民法院）挂牌成立少年案件审判庭暨江干区社会帮教中心，是浙江省最早的以公检法司关工委等八个部门联合的社会帮教中心。

2021 年 12 月 湖州市南浔区人民法院拍摄的以“法官妈妈”为原型蓝本的未成年人审判主题微电影《寻归》荣获第八届“金法槌奖”微电影单元一等奖。

2024 年 8 月 湖州市南浔区人民法院设立未成年人案件综合审判庭，系全省基层人民法院首个恢复独立建制的少年法庭。

安徽省

1992 年 1 月	合肥市包河区人民法院首次设立少年合议庭。
2003 年 6 月	安徽省高级人民法院印发《关于进一步加强未成年人刑事审判工作的意见》。
2005 年 12 月	安徽省高级人民法院联合安徽省人民检察院、安徽省公安厅、安徽省司法厅共同制定《关于市辖区一审未成年人刑事案件管辖的规定》。
2008 年 5 月	合肥市包河区人民法院首次设立独立建制的未成年人案件审判庭。
2016 年 5 月	界首市人民法院首次设立独立建制的家事少年审判庭。
2016 年 12 月	安徽省高级人民法院联合省人民检察院等十部门共同制定《关于未成年人犯罪记录封存的实施办法（试行）》。
2021 年 3 月	安徽省高级人民法院首次挂牌成立少年法庭工作办公室。
	安徽省高级人民法院召开新闻发布会，向媒体通报全省法院 2020 年未成年人审判工作情况并发布典型案例。

2021 年 9 月　安徽省高级人民法院印发《关于加强新时代未成年人审判工作的实施意见》。

2022 年 1 月　天长市人民法院发出全省首份《家庭教育指导令》。

2022 年 5 月　安徽省高级人民法院首次成立安徽法院少年法庭百名法治宣讲团。

安徽省高级人民法院召开新闻发布会，向媒体通报全省法院 2021 年未成年人审判工作情况并发布典型案例。

2022 年 6 月　安徽省委平安办组织开展为期一年的全省预防未成年人违法犯罪专项行动，安徽省高级人民法院牵头负责加强未成年人法治宣传教育等工作。

2022 年 11 月　安徽省高级人民法院召开全省法院少年法庭工作会议。

安徽省高级人民法院联合安徽省未成年人保护工作委员会办公室等十三个部门共同制定《安徽省关于落实密切接触未成年人行业从业查询制度的暂行办法》。

2023 年 5 月　安徽省高级人民法院召开新闻发布会，向媒体通报全省法院 2022 年未成年人审判工作情况并发布典型案例。

2023 年 6 月　安徽省高级人民法院召开全省法院开展预防未成年人违法犯罪专项行动情况新闻发布会并发布典型案例。

2023 年 7 月

安徽省高级人民法院设立少年审判工作办公室，作为专项工作机制依托民事审判第一庭运行，主要负责综合统筹全省涉未成年人案件审判工作，监督指导全省法院未成年人犯罪案件、侵害未成年人犯罪案件以及涉未成年人民事、行政权益保护案件的审判执行工作。

2023 年 11 月

安徽省高级人民法院在桐城市、滁州市设立青少年法治教育基地。

安徽省高级人民法院党组书记、院长田云鹏作为法治副校长，为合肥市第四十六中学同学讲授法治课。

安徽省高级人民法院在民事审判第一庭加挂未成年人审判庭牌子，相应增加“依法审理未成年人犯罪案件，涉未成年人民事、行政权益保护案件，监督、指导下级人民法院未成年人案件审判工作”职责。

安徽省高级人民法院印发《预防青少年违法犯罪工作绩效考核办法》。

2024 年 1 月

安徽省高级人民法院联合安徽省教育厅等十三个部门共同制定《关于加强专门学校建设和专门教育工作的实施意见（试行）》。

2024 年 2 月

安徽省高级人民法院联合共青团安徽省委员会等十四个部门共同制定《安徽省维护青少年权益岗创建管理办法》。

2024 年 3 月

铜陵市两级法院率先实现“家庭教育指导站”全域覆盖。

2024 年 4 月

阜阳市中级人民法院发布《阜阳法院青少年法治宣传教育基地建设指引》和《阜阳法院家庭教育指导站工作办法》。

马鞍山市雨山区人民法院发出全省首份《关爱未成年人提示单》。

福建省

1988 年 1 月	福建省高级人民法院召开组建审理未成年人刑事案件合议庭试点座谈会，确定六个中级人民法院和七个基层人民法院试建少年庭。
1988 年 6 月	福建省高级人民法院召开全省少年庭工作会议，设立少年庭工作领导小组，负责加强业务指导。
1988 年 7 月	福建省高级人民法院召开审理未成年人刑事案件工作会议。
1988 年 12 月	全省有四十五个人民法院设立未成年人刑事案件合议庭。
1989 年 1 月	福建省高级人民法院商请共青团福建省委，共同发布《关于各级人民法院审理未成年人刑事案件选配团委干部为人民陪审员的联合通知》。
1989 年 3 月	福建省高级人民法院举办首期少年庭业务培训班，培训少年庭审判人员和共青团的特邀陪审员。
1989 年 10 月	福建省高级人民法院出台《福建省人民法院少年庭工作细则（试行）》，并编印《少年庭工作交流册》。

1991年3月　福建省高级人民法院、省未成年人保护委员会印发《关于各级人民法院少年法庭选配未成年人保护委员会办公室干部为人民陪审员的联合通知》。

1991年4月　福建省高级人民法院召开全省法院第二次少年刑事审判工作会议。

1991年12月　福建省各级人民法院已全部设立未成年人刑事案件合议庭。

1994年8月　福建省高级人民法院作为“中国法官代表团”成员，参加在德国不来梅市举行的“国际少年与家庭法院法官协会”第十四届国际大会。

1995年2月　福建省高级人民法院印发《关于表彰少年案件审判工作先进集体和先进个人的决定》，表彰全省少年案件审判先进集体八个，先进个人十二名。

1995年9月　福建省高级人民法院副院长随中国青少年犯罪研究会代表团赴奥地利维也纳参加国际学术研讨会。

1996年12月　全省少年法庭工作会议及施行《刑事诉讼法》（1996年修正）培训研讨班在福州市召开。

1997年5月　福建省高级人民法院印发《关于对少年法庭示范点工作要求的通知》，对改革探索少年刑事审判方式的十个少年法庭示范点提出工作要求。

1998年10月　福建省高级人民法院印发《关于表彰少年法庭工作先进集体和先进

个人的决定》，表彰全省少年法庭工作先进集体十六个，先进个人三十二名。

1999 年 4 月　福建省高级人民法院印发《关于调整全省法院少年法庭工作指导组成员的通知》，对全省法院少年法庭工作指导组成员进行调整。

2003 年 8 月　福建省高级人民法院少年法庭指导组办公室刊发第一期《少年法庭园地》。

2004 年 3 月　福建省高级人民法院印发《关于调整全省法院少年审判工作指导组及其办公室成员的通知》，对全省法院少年审判工作指导组及其办公室成员进行调整。

2004 年 8 月　厦门市中级人民法院、三明市梅列区人民法院荣获“全国青少年维权岗”称号。

2004 年 10 月　福建省高级人民法院向最高人民法院提交《关于筹备成立厦门市试点少年法院的工作报告》。

2004 年 12 月　惠安县人民法院、沙县人民法院荣获“全国少年法庭工作先进集体”称号。

2005 年 10 月　福建省优秀女法官、女检察官、女警官、女律师表彰大会暨“妇女儿童维权”研讨会在福州市召开。

2006 年 8 月　全省法院少年审判工作会议在福州市召开。

三明市中级人民法院被最高人民法院确定为全国首批未成年人案件综合审判庭的试点单位之一。

2008 年 7 月　全国部分法院少年法庭工作座谈会暨福建省法院少年法庭成立二十周年纪念大会在福建省泉州市召开。

2009 年 1 月　福建省高级人民法院印发《关于加强全省少年审判有关工作的通知》。

2009 年 2 月　福建省高级人民法院成立维护妇女儿童合法权益合议庭。

2009 年 4 月　福建省高级人民法院在福州市举办全省法院少年审判业务培训班。

2009 年 11 月　福建省高级人民法院印发《关于规范各中级人民法院少年审判指导组工作职责的通知》。

2010 年 6 月　三明市中级人民法院制定《关于建立三明市未成年人轻罪犯罪记录消灭制度的实施意见》《关于未成年罪犯回访、考察实施办法》，开展“一帮一”的回访帮教活动；制定《人民法院参与社区矫正试点工作办法》，开展“关爱少年，柔性司法”活动。

2010 年 11 月　福建省高级人民法院制定《维护妇女儿童权益工作机制若干规定（试行）》。

2010 年 12 月　福建省高级人民法院与省妇联联合在福州市召开全省涉及妇女儿童司法维权工作会议。

2011 年 4 月	全国法院未成年人案件综合审判庭试点工作座谈会在三明市召开。
2011 年 11 月	南平市延平区人民法院党组成员、少年审判庭庭长詹红荔被确定为“时代先锋”全国重大先进典型。
2012 年 7 月	以詹红荔法官为原型，展示人民法官“爱民为民，情铸和谐”精神风貌的电影《南平红荔》在南平市开机。
2012 年 11 月	福建省高级人民法院召开全省法院少年审判工作电视电话会议。
2013 年 3 月	全国人大常委会原副委员长、中国关工委主任顾秀莲到晋江市人民法院未成年人帮教基地调研指导工作。
2013 年 4 月	福建省高级人民法院印发《关于学习推行詹红荔“三三九不工作法”进一步完善未成年人刑事审判工作机制的意见的通知》。
	全省法院少年审判业务培训班在福州市举办。
2014 年 1 月	福建省高级人民法院荣获“未成年人健康成长法治保障最佳事例优秀组织奖”和“未成年人健康成长法治保障主题征文活动优秀组织奖”。
	晋江市人民法院协同创设失足未成年人帮教基地荣获“未成年人健康成长法治保障最佳事例奖”。
	厦门市思明区人民法院“开设未成年人‘小法官’夏令营工作制度”

荣获“未成年人健康成长法治保障优秀事例奖”。

2014 年 8 月　时任共青团中央书记处书记周长奎到长汀县人民法院调研指导少年审判工作。

2014 年 11 月　时任国务院妇女儿童工作委员会副主任、全国妇联党组书记、副主席、书记处第一书记宋岩秀率队到厦门市海沧区人民法院视察家事审判工作。

2015 年 5 月　福建省高级人民法院召开全省法院推进反家暴工作电视电话会议。

2015 年 7 月　福建省高级人民法院制定印发《关于合适成年人参与未成年人刑事诉讼的实施意见》。

2016 年 12 月　福建省高级人民法院印发《关于全面推进家事审判方式和工作机制改革工作的指导意见》的通知。

2019 年 6 月　福建省高级人民法院印发《家事案件审理工作的指导意见（试行）》的通知。

2021 年 5 月　福建省高级人民法院印发《关于加强新时代未成年人审判工作的实施意见》的通知。

2021 年 6 月　福建省高级人民法院举办全省法院少年法庭集中揭牌仪式。

2023 年 9 月　福建省高级人民法院党组书记、院长金银墙担任福建师大附中法治副校长，并以“学法用法 护‘未’成长”为题，为该校师生讲授法治公开课。

福建省高级人民法院举办法治副校长聘任仪式暨“法治公开课　法官护成长”网络直播活动。

2024年5月　福建省高级人民法院召开福建法院少年审判工作新闻发布会并发布典型案例。

2024年6月　福建省高级人民法院与福建省民政厅等十五家单位共同主办“润心伴成长 同心护未来”福建省2024年“六一”儿童关爱服务主题活动启动仪式。

江西省

1988 年

江西省高级人民法院建立审理未成年人刑事案件指导小组，部分地市法院设立未成年人刑事案件合议庭。

1991 年

江西省高级人民法院成立少年法庭指导小组，指导和规范全省法院少年法庭审判工作。

1991 年 4 月

原吉安市人民法院（现吉安市吉州区人民法院）在原“少年合议庭”的基础上，设立江西省第一个“少年刑事审判庭”，受理少年犯罪案件。

1991 年 4—10 月

吉安市中级人民法院和南昌市西湖区、东湖区人民法院先后组建少年刑事审判庭。上饶地区、新余市中级人民法院建立少年法庭指导小组。

1991—1992 年

南昌市中级人民法院和有关区、县法院联合创办南昌市新生业余学校，入学对象为判处缓刑期的失足未成年人，该教育方式受到国务院、中央政法委通报表扬。

1992 年 6 月

江西法院少年法庭在建立“政法一条龙”的基础上，建立与工会、共青团、妇联、教育部门等“社会一条龙”的工作体系。

1992年12月

江西省高级人民法院在全国率先制定《关于少年刑事案件定罪量刑若干问题的意见》；建立并改进办理未成年人犯罪案件的程序制度，采取符合未成年人身心特点的庭审方式和教育方式，预防和减少未成年人犯罪。

第四次全省少年法庭工作会议在赣州市召开，总结交流全省少年法庭工作的情况和经验。

1993年1月

江西省高级人民法院正式发布《关于少年刑事案件定罪量刑若干问题的意见》，对抢劫罪等几类常见的少年刑事案件的定罪量刑问题作出规定。

1994年11月

吉安市人民法院少年刑事审判庭荣获“全国少年审判工作先进集体”称号。

2000—2001年

全省法院开展“送法进校园”等活动，对青少年进行法治教育。同时，针对审判中发现的犯罪线索、治安隐患和有关单位管理上的漏洞，及时提出司法建议。

2002年5月

南昌市西湖区人民法院等三个基层人民法院的少年审判庭荣获“全国青少年维权岗”称号。

2003—2004年

于都县人民法院、景德镇市乐平市人民法院未成年人刑事审判庭荣获“全国青少年维权岗”称号。

2006年12月

赣州市中级人民法院制定《未成年人刑事案件审理规则》，由刑事审判第一庭建立专门的未成年人刑事合议庭，指定熟悉未成年人特点、具有未成年人刑事案件审判经验、善于做未成年人思想教育工作的审判人员负责审理此类案件。

赣州市章贡区人民法院、南昌市西湖区人民法院和吉安市吉州区人民法院少年审判庭荣获“全国青少年维权岗”称号。

2007年1月　南昌市中级人民法院正式成立少年审判庭，制定符合未成年人身心特点的《未成年人法庭“圆桌审判”操作规则》，初步形成未成年人刑事审判工作特色。

2009年3月　江西省高级人民法院发布《关于开展少年法庭有关工作事项检查的通知》，组织干部对全省法院少年法庭有关工作事项进行检查。

2013年3月　江西法院第六次少年法庭工作会议在南昌市召开。

2016年　九江市人民法院、新余市人民法院和宜春市人民法院三家法院成立独立的少年审判机构。

2016年9月　江西省高级人民法院开展江西省“未成年人保护宣传周”。

2017年8月　中国法官协会、中国女法官协会“开展维护妇女儿童合法权益工作会”在南昌市召开。

2018年　江西省高级人民法院创建“三叶草”少儿普法自护教育品牌、“防治校园欺凌，起跑美丽人生”法治课程进校园品牌。

2018 年 5 月　江西省高级人民法院通报全省法院少年法庭审判工作情况，公布《全省法院少年法庭工作白皮书（2013—2017）》以及未成年人权益保护和犯罪预防的十件典型案例。

2018 年 8 月　江西省高级人民法院印发《涉诉未成年人国家司法求助金发放使用管理办法（试行）》。

2018 年 9 月　江西省高级人民法院走进安义县乔乐学校举办全省第九个“未成年人保护宣传周”活动。

2019 年　江西省高级人民法院印发《关于涉及未成年人刑事案件的审判执行规程（试行）》和《关于涉及未成年人刑事案件审判延伸工作的指导意见（试行）》，在全国尚属首例。

2019 年 5 月　第二季“三叶草”青少年自护主题教育活动在南昌市举办，活动主题为防拐卖（骗）、防家暴和助友善。

2019 年 9 月　举行江西省第十个“未成年人保护宣传周”。江西省高级人民法院与九江市中级人民法院、永修县人民法院共同在永修县立新中学举行“呵护青春花蕾、关爱儿童成长”宣传活动。

2020 年 8 月　江西省高级人民法院联合江西省妇联、江西省法官协会、江西省女法官协会共同开展“守护童年携手成长”2020 暑期儿童关爱系列活动。

2020 年 9 月　江西省高级人民法院联合共青团江西团省委、检察院、司法厅等单位开展第十一个“未成年人保护宣传周”，并在南昌县莲塘一中开展“法典护成长助力少年强”《民法典》普法宣教活动。

2021 年 3 月　　江西省高级人民法院举行省法院少年法庭工作办公室揭牌暨全省少年法庭集中挂牌仪式。

2021 年 5 月　　江西省高级人民法院与江西省图书馆共同开展“书承红色基因，法佑健康成长”青少年法治教育基地揭牌暨“六一”儿童节联合宣教活动。

2022 年 1 月　　江西省高级人民法院以“把爱带回家　护安全守望童年”为主题，走进余干县梅溪中心小学，举行留守儿童关爱活动。

2022 年 5 月　　江西省高级人民法院召开少年法庭工作新闻发布会，发布了全省法院少年法庭工作白皮书（2018—2021 年）、全省法院未成年人权益保护十大典型案例和十大微创新司法举措。

2022 年 9 月　　江西省高级人民法院刑一庭荣获“人民法院少年法庭先进集体”称号。

2022 年 11 月　　江西省高级人民法院刑一庭挂牌成立少年庭。

2023 年 3 月　　江西省高级人民法院与江西师范大学合作共建的“三叶草”未成年人心理关爱实践基地在江西师范大学建立。

2023 年 5 月　　江西省高级人民法院召开少年法庭工作新闻发布会，通报 2022 年以来江西法院少年法庭工作情况，发布未成年人权益保护十大典型案例和优秀司法建议、未成年人审判工作十大微创新司法举措。

江西省高级人民法院联合余干县人民法院开展“法治护航、伴你成长”暨“三叶草”未成年人关爱活动。

2024 年 4 月

江西省高级人民法院少年法庭工作办公室、奉新县人民法院与奉新县第五中学合作共建“三叶草”未成年人法治关护站。

2024 年 5 月

江西省高级人民法院少年庭与万年县人民法院在万年县特殊教育学校共建未成年人法治关护站。

江西省高级人民法院发布未成年人权益保护十大典型案例和优秀司法建议、未成年人审判工作十大微创新司法举措。

山东省

1987 年 7 月

山东省高级人民法院提出试办少年法庭，同年在刑事审判第一庭设立少年犯罪案件合议庭。

1999 年 12 月

山东省综治委、公安厅、检察院、山东省高级人民法院、司法厅联合发布《关于建立公、检、法、司依法办理未成年人犯罪案件互相配套工作体系的实施意见》。

2000 年 6 月

东营市河口区人民法院成立全省首个未成年犯判后帮教的专门平台——育新学校，定期开展法治教育，预防未成年人再犯。

2004 年 1 月

青岛市市南区人民法院率先试行人格调查制度，形成第一份人格调查报告。全面了解未成年人的犯罪原因、成长经历、生活环境、实施犯罪前后的表现等情况，开启了我国未成年人社会调查制度的司法新实践。

2006 年 1 月

青岛市中级人民法院与市教育局、市综治委、共青团市委等部门联合制定《关于落实被判处非监禁刑的未成年犯复学、升学的意见》，形成第一份关于未成年犯复学升学的意见。规定被要求判处非监禁刑的在校未成年学生，不得取消其学籍，原则上回原学校继续完成学业，升学与其他在校学生享受同等的招生政策。

2007 年 4 月　　全省少年审判制度论坛在菏泽市中级人民法院召开。

2008 年 11 月　　青岛市李沧区人民法院联合相关部门签发了《未成年人前科封存试行意见》，形成第一份多部门会签的未成年人犯罪记录消灭文件。

2009 年　　全省第一个失足青少年帮教基地“阳光家园”在聊城市茌平区建立，运用“三金保障机制”强化资金保障体系，实施帮教安置工作。

2009 年 5 月　　山东省高级人民法院创办了全国高院层面第一份少年审判刊物——《山东少年审判》。

2009 年 7 月　　山东省高级人民法院与全国律师协会未成年人专业保护委员以聊城市中级人民法院为试点，建立未成年人司法救助基金，推动未成年被害人救助与社会资源对接。

2010 年 6 月　　山东省高级人民法院少年法庭指导小组，认真总结德州市、青岛市中级人民法院对未成年人犯罪记录封存制度改革经验，经充分论证后，向省人大法工委提出第一份立法建议，在即将修订的《山东省未成年人保护条例》中增加未成年人轻罪犯罪记录有条件消灭制度，得到采纳。

2011 年 5 月　　山东省高级人民法院少年法庭指导小组办公室举办全省心理咨询实务技能培训班，并组织了专业心理咨询师资格考试。目前，山东省每个基层人民法院至少有一名具有心理咨询师资格（三级）的少年审判法官。具备国家级心理咨询师资格的少审法官实现全覆盖。

2013 年 4 月

青岛市中级人民法院联合市检察院、公安局发布《关于在未成年人刑事案件中严格限制适用拘留、逮捕措施的实施意见》。

2014 年 7 月

青岛市中级人民法院发布《关于建立社会调查员制度的实施意见（试行）》。

2016 年 6 月

山东省高级人民法院青少年法治教育中心成立，系全国高级法院系统唯一的青少年法治教育基地，被最高人民法院数字图书馆选为唯一的青少年法治教育共建单位。

2017 年 8 月

青岛市中级人民法院派员参加最高人民法院与联合国儿基会联合举办的“儿童权益刑事司法保护研讨会”，并作经验介绍。

2018 年 5 月

山东省高级人民法院与省心理学会联合建立特聘心理专家、心理咨询师队伍。

2019 年 5 月

山东省高级人民法院与团省委、省法律援助中心、省心理学会等部门筹备建立了人民陪审员、法律援助律师、专业心理咨询师三支服务于少年审判的专业辅助队伍。

2021 年 3 月

临沂市中级人民法院举行全市法院少年法庭授牌仪式，中院及全市十四个基层人民法院全部挂牌成立少年法庭。其中，临沂市兰山区人民法院少年法庭是最高人民法院《关于加强新时代未成年人审判工作意见》发布后，全国成立的第一个经编办批准的独立建制的少年法庭。

2022年5月	东营市河口区人民法院成立全国首家校园安全先议办公室，对在校学生的不良行为进行罪错分级，实施分类矫治，对如何设立、开展校园安全先议办公室提供了有益尝试。
2023年5月	全省未成年人罪错分级处遇推进会在临沂市召开。
2023年8月	东营市东营区人民法院发布山东省首个《关于未成年人司法救助金提存工作办法（试行）》，确保司法救助金切实用于涉案未成年被害人。
2024年4月	枣庄市山亭区人民法院向一起离婚案件的当事人发出全省首份《关爱未成年人子女提示函》。
2024年5月	滨州市中级人民法院联合十个部门会签《关于加强涉未成年人案件国家司法救助工作的实施细则》，进一步扩大司法救助金的发放范围、救助方式和救助来源。

河南省

1989年3月 安阳市文峰区人民法院在刑事审判庭成立少年合议庭。

1995年6月 安阳市文峰区人民法院成立独立编制的少年审判庭。

1999年3月 洛阳市涧西区人民法院刑事审判庭荣获“全国青少年维权岗”称号。

1999年6月 商丘市中级人民法院少年案件开始施行“圆桌审判”模式，并将法庭教育程序引入涉未成年人刑事诉讼。

1999年11月 信阳市平桥区人民法院刑事审判庭荣获“全国未成年人保护工作先进集体”称号。

2000—2001年 漯河市中级人民法院少年刑事审判庭、兰考县人民法院少年审判庭、安阳县人民法院荣获“全国青少年维权岗”称号。

2003年 安阳市中级人民法院荣获“全国维护妇女儿童权益先进集体”称号。

2004年 濮阳县人民法院少年审判庭、南阳市中级人民法院少年法庭荣获“全国青少年维权岗”称号。

2005年5月 驻马店市中级人民法院少年法庭荣获全国“青年文明号”称号。

2006年6月 洛阳市中级人民法院、安阳市中级人民法院被指定为全国首批未成年人案件综合审判庭试点，成立未成年人案件综合审判庭，集中审理涉及未成年人的刑事、民事、行政案件。

2006年9月 驻马店市中级人民法院少年刑事审判庭、周口市中级人民法院少年案件审判庭荣获“全国青少年维权岗”称号。

2007年1月 鹤壁市鹤山区人民法院被河南省高级人民法院确定为开展未成年人案件综合审判庭试点单位之一。

2008年1月 濮阳县人民法院少年审判庭荣获“全国法院刑事审判工作先进集体”称号。

2008年12月 全省法院少年法庭二十年工作回顾与展望会议在登封市人民法院召开。

2009年 漯河市源汇区人民法院未成年人综合审判庭荣获“全国青少年维权岗”称号。

2009年7月 河南省高级人民法院印发《审理未成年人刑事案件程序规则（试行）》文件。

2010年3月 河南省高级人民法院签发《未成年人犯罪量刑规范化指导意见（试行）》，并召开新闻发布会。

2010 年 10 月　河南省高级人民法院与省检察院、公安厅联签《在办理未成年人刑事案件中规范强制措施适用的暂行办法》和《办理未成年人与成年人共同犯罪案件实行分案起诉分案审理的暂行办法》。

平顶山市中级人民法院成立独立建制的少年刑事审判庭。

2011 年 5 月　河南省高级人民法院建立少年审判人才库。

郑州市中级人民法院成立独立建制的未成年人案件综合审判庭，负责涉未成年人案件的集中审理。

平顶山市新华区人民法院作出禁止未成年被告人在三十六个月内进入网吧、游戏机房等场所的刑事判决，被最高人民法院选为指导性案例。

2011 年 12 月　河南省高级人民法院联合共青团河南省委发布《关于建立“一校一法官”制度的通知》。

2012 年 12 月　郑州市中级人民法院与驻马店市中级人民法院被最高人民法院确立为全国法院未成年人综合审判庭试点中级法院。

2013 年 3 月　河南省高级人民法院会同省检察院、公安厅、司法厅制定《未成年人刑事案件社会调查实施办法》。

2013 年 5 月　驻马店市中级人民法院制定实施《驻马店市中级人民法院关于加强未成年人案件审判庭工作的意见》，市两级法院均成立了未成年人案件审判庭。

2013 年 6 月　　河南省高级人民法院发布《关于进一步加强少年法庭工作的意见》。

2013 年 8 月　　汤阴县人民法院在全省法院系统率先建立了“预防未成年人犯罪教育基地”。

2014 年 1 月　　河南省高级人民法院报送的“一校一法官”制度在中央综治办、共青团中央、中国法学会 2013 年举办的“未成年人健康成长法治保障”大型系列活动中，被组委会评为“最佳事例”。

驻马店市中级人民法院少年庭所创设的“开展失足未成年人减刑假释‘三位一体’机制”被中央综治办、共青团中央、中国法学会评为“未成年人健康成长法治保障制度创新事例”。

2014 年 2 月　　郑州市中级人民法院微电影《不再让你孤单》荣获全国法院首届十佳微电影。

安阳市中级人民法院未成年人案件综合审判庭、平顶山市中级人民法院少年刑事审判庭荣获“全国青少年维权岗”称号。

2014 年 3 月　　河南省高级人民法院少年审判庭获省编委批准设立。

2014 年 4 月　　河南省高级人民法院发布《未成年人轻罪犯罪记录封存实施办法（试行）》。

2014 年 5 月

郑州市中级人民法院公开宣判了公安部在全国“打拐”专项行动挂牌督办的特大拐卖妇女、儿童及收买被拐卖儿童案，判处被告人谭某某死刑。

2014 年 6 月

河南省平顶山市中级人民法院少年刑事审判庭、安阳市中级人民法院少年法庭、郑州市金水区人民法院少年法庭、项城市人民法院少年法庭荣获“全国青少年维权岗”称号。

2014 年 12 月

河南省高级人民法院召开打击性侵未成年人犯罪、拐卖儿童犯罪新闻发布会。

驻马店市中级人民法院少年刑事审判庭荣获“全国少年审判先进集体”称号。

2015 年

河南省高级人民法院的《少年司法制度改革研究》荣获最高人民法院重点课题。

2015 年 1 月

驻马店市中级人民法院向社会公开发布《驻马店市未成年人犯罪调查报告（2010—2014）》，并率先建成了当时省内最大的室内青少年法治教育基地。

2015 年 10 月

河南省高级人民法院印发《少年审判工作指导意见（试行）》。

2016 年 1 月

安阳市中级人民法院未成年人案件综合审判庭荣获“全国法院先进集体”称号。

2016 年 9 月

河南省高级人民法院少年审判庭正式组建成立。

2016 年 10 月

河南省高级人民法院在“河南省高级人民法院政务网”开设“少年审判”宣传专栏。

河南省高级人民法院印发《关于落实未成年人犯罪记录封存制度的通知》。

南阳市中级人民法院、新乡市中级人民法院刑三庭、三门峡市中级人民法院、济源市人民法院、驻马店市驿城区人民法院少年法庭荣获“全国青少年维权岗”称号。

2016 年 12 月

安阳市中级人民法院未成年人案件综合审判庭、南阳市中级人民法院少年审判庭荣获“全国维护妇女儿童权益先进集体”称号。

2017 年

河南省高级人民法院少年审判庭在全省试行“法庭家庭第三方联合帮教制度”“判刑青少年执行建议”等四个青少年审判改革项目，按照统一发布、自愿申请和择优确定原则，指定八个中级人民法院和十五个基层人民法院为试点单位。

安阳市中级人民法院未成年人案件综合审判庭荣获全国“青年文明号”称号。

2017 年 1 月

河南省高级人民法院印发《关于“七五”普法规划期间全省少年法庭法治宣传教育工作实施意见》。这是河南省高级人民法院首次在普法规划中部署和推进少年法庭法治宣传教育工作。

2017年3月　河南省高级人民法院少年审判庭在平顶山市中级人民法院召开全省部分法院专项治理“校园欺凌和暴力”座谈会。

2017年5月　河南省高级人民法院印发《关于确定2017年度全省法院青少年审判改革项目指导和承办单位的通知》《青少年审判改革项目指南》。

2017年6月　河南省高级人民法院发布河南法院校园欺凌和暴力典型案例。

2017年7月　驻马店市中级人民法院创设“庭前‘三查明’、庭审‘重帮教’、判后回访‘四结合’帮教法”被全国少年审判论坛评为优秀创新事例。

2017年11月　河南省高级人民法院和共青团河南省委联合发布《关于防治中小学生欺凌和暴力的实施办法》。

2018年1月　郑州市中级人民法院未成年人案件综合审判庭荣获“全国法院先进集体”称号。

2019年2月　焦作市中级人民法院少年综合审判庭荣获“全国青少年维权岗”称号。

2019年5月　河南省高级人民法院公布一批保护未成年人权益典型案例。

新乡市中级人民法院整合家事审判和少年审判工作，组建少年家事综合审判庭。

2019年8月　周口市中级人民法院少年案件审判庭荣获“全国法院刑事审判工作

先进集体”称号。

2019 年 9 月　　驻马店市中级人民法院未成年人综合审判庭荣获“全国维护妇女儿童权益先进集体”“全国青少年维权岗”称号。

2019 年 11 月　　鹤壁市中级人民法院民一庭、濮阳市中级人民法院未成年人案件综合审判庭、焦作市中级人民法院少年审判庭荣获“全国维护妇女儿童权益先进集体”称号。

2020 年　　洛阳市中级人民法院少年审判庭荣获“全国青少年维权岗”称号。

2020 年 1 月　　南阳市中级人民法院少年审判庭荣获“全国法院先进集体”称号。

2020 年 11 月　　漯河市中级人民法院拍摄的微视频《成长》荣获第五届平安中国“三微”比赛优秀短视频。

2021 年 4 月　　三门峡市中级人民法院少年法庭组织两级法院挂牌少年法庭。

商丘市睢阳区人民法院新城法庭成为独立少年家事法庭。

2021 年 5 月　　信阳市中级人民法院拍摄的普法心理剧微电影《从心出发》被最高人民法院评为“第二届全国法院未成年人司法保护优秀微电影”。

2021 年 7 月　　郑州市中级人民法院未成年人案件综合审判庭荣获“全国青少年维权岗”称号。

2021 年 8 月　焦作市中级人民法院少年综合审判庭荣获第二十届全国“青年文明号”称号。

2021 年 12 月　郑州市中级人民法院未成年人案件综合审判庭、鹤壁市鹤山区人民法院、平顶山市中级人民法院少年刑事审判庭、信阳市中级人民法院民事审判第三庭荣获“全国维护妇女儿童权益先进集体”称号。

2022 年 2 月　信阳市中级人民法院拍摄的普法心理剧微电影《从心出发》荣获第六届平安中国“三微”大赛优秀微电影。

2022 年 3 月　河南省高级人民法院少年审判庭荣获“全国青少年普法教育先进集体”称号。

2022 年 6 月　濮阳市中级人民法院联合市检察院、共青团市委共同签署《关于构建青少年心理健康服务参与涉未成年人案件心理疏导机制合作协议》，建立河南省首个法、检、团委系统涉未成年人案件心理疏导合作机制。

2022 年 8 月　河南省高级人民法院少年审判庭、焦作市中级人民法院少年综合审判庭荣获“人民法院少年法庭工作先进集体”称号。

2023 年 3 月　南阳市中级人民法院少年审判庭荣获“全国法院系统妇女岗位建功表现突出集体”称号。

2023 年 8 月　河南省高级人民法院成立“豫法护苗”党建品牌。

2023 年 9 月	河南省高级人民法院印发《关于全省法院进一步推进贯彻〈中小学法治副校长聘任与管理办法〉的通知》。
2023 年 10 月	河南省高级人民法院少年审判庭荣获“全国维护妇女儿童权益先进集体”称号。
2023 年 11 月	鹤壁市中级人民法院立案庭荣获“全国维护妇女儿童权益先进集体”称号。
2023 年 12 月	平顶山市中级人民法院少年刑事审判庭荣获“全国法院先进集体”称号。
2024 年 4 月	新野县人民法院发出全省首份《关爱未成年人提示书》。
2024 年 6 月	河南省高级人民法院联合三级法院开展“巡回审判进高校”系列法治宣传教育活动。

湖北省

1998年　通城县人民法院成立少年刑事审判庭。

2004年　通城县人民法院成立少年法庭。

2006年9月　襄阳市樊城区人民法院荣获“全国青少年维权岗”称号。

2007年5月　蕲春县人民法院刑事审判庭荣获“全国妇联妇女儿童维权岗先进单位”称号。

2009年4月　孝感市孝南区人民法院少年法庭制定全省首份《未成年人犯罪适用非监禁刑审前社会调查实施办法》。

2012年3月　十堰市中级人民法院成立未成年人综合审判庭。

2012年6月　麻城市人民法院增设未成年人案件审判庭。

潜江市人民法院成立未成年人案件综合审判庭。

2012年7月　襄阳市中级人民法院设立未成年人案件综合审判庭。

2012 年 9 月　　黄冈市中级人民法院成立未成年人案件综合审判庭。

2012 年 12 月　　荆门市中级人民法院建立未成年人审判庭。

2013 年　　宜昌市中级人民法院增设独立编制的未成年人综合审判庭，从事涉少刑事、民事、行政一审二审案件的综合审判以及延伸工作。

洪湖市人民法院荣获“全国维护妇女儿童权益先进集体”称号。

2013 年 6 月　　襄阳市中级人民法院印发《宜城市人民法院、人民检察院、公安局、司法局关于未成年人刑事案件审前社会调查实施意见》。

2013 年 10 月　　汉川市人民法院制定全省首份《关于未成年人案件合适成年人、社会管护员、社会调查员工作办法（试行）》。

2014 年 9 月　　通城县人民法院少年法庭荣获“全国法院少年法庭工作先进集体”称号。

2014 年 11 月　　孝感市中级人民法院荣获“全国法院少年审判工作先进集体”称号。

2015 年 3 月　　武汉市中级人民法院民事审判第一庭荣获“全国巾帼文明岗”称号。

2016 年 10 月　　襄阳市中级人民法院未成年人案件综合审判庭、麻城市人民法院未成年人案件审判庭荣获“全国青少年维权岗”称号。

2016 年 11 月　　麻城市人民法院黄金桥人民法庭荣获“全国维护妇女儿童权益先进

集体”称号。

2017 年 2 月　武汉市中级人民法院民事审判第一庭荣获“全国维护妇女儿童权益先进集体”称号。

2017 年 9 月　仙桃市人民法院在未成年人案件综合审判庭设立少年法庭工作办公室。

2018 年 1 月　宜城市人民法院未成年人案件综合审判庭荣获“全国法院先进集体”称号。

2019 年 11 月　襄阳市中级人民法院未成年人案件综合审判庭荣获“全国维护妇女儿童权益先进集体”称号。

2020 年　宜昌市中级人民法院联合市公安局、检察院、司法局、宣传部、教育局、民政局、团市委、妇联、妇儿工委办公室、委网信办、总工会、文明办、关工委等成员单位组成了宜昌市未成年人刑事司法联席会议机制。

2020 年 1 月　葛洲坝人民法院作为湖北省试点法院集中管辖宜昌七个城区法院涉未成年人刑事一审案件。

2020 年 10 月　罗田县人民法院创建全省第一个在风景区内的模拟法庭——“燕儿谷模拟法庭”。

2021 年 2 月　武汉市青山区人民法院荣获“全国三八红旗集体”称号。

2021 年 3 月　随州市中级人民法院“少年法庭工作办公室”挂牌。

2021 年 4 月　黄梅县人民法院在全省率先成立未成年人普法教育基地，并在向日葵研学实践营地挂牌。

2021 年 5 月　宜昌市中级人民法院及下辖十六家基层人民法院“少年法庭”“少年法庭工作办公室”揭牌授牌，实现了全市两级法院少年法庭全覆盖。

汉江中级人民法院设立少年法庭工作办公室，孝感辖区七个县（市）区法院“少年法庭”举行授牌仪式。

襄阳市中级人民法院、宜城市人民法院拍摄的微电影《归途》荣获“全国法院未成年人司法保护微电影”。

咸宁两级法院依托刑事审判部门设立并挂牌“少年法庭工作办公室”七个，实现全市法院未成年人审判工作的统一归口管理。

襄阳两级法院举行少年法庭授牌仪式，全市法院实现少年法庭全覆盖。

2021 年 6 月　黄梅县人民法院少年法庭正式挂牌成立。

2021 年 7 月　武汉铁路运输中级法院“少年法庭工作办公室”挂牌，由专人负责少年审判工作。

2021 年 9 月　十堰市中级人民法院印发《关于加强未成年人审判工作的实施

方案》。

十堰市丹江口人民法院在三官殿人民法庭加挂“少年法庭”牌子，集中审理涉未成年人案件。

2021年12月　咸宁市中级人民法院荣获“全国维护妇女儿童权益先进集体”称号。

宜城市人民法院未成年人案件综合审判庭荣获“全国维护妇女儿童权益先进集体”称号。

武汉市江夏区人民法院民事审判第一庭、武汉市黄陂区人民法院王家河法庭荣获“全国维护妇女儿童权益先进集体”称号。

2022年　荆州市中级人民法院民一庭荣获“全国家庭工作先进集体”称号。

2022年1月　宜城市人民法院发出湖北省首份《家庭教育指导令》。

云梦县人民法院在城关法庭（少年家事法庭）挂牌成立全省首家家庭教育指导服务站。

2022年2月　孝感市中级人民法院发布《孝感市中级人民法院关于开展家庭教育指导工作的实施方案》。

2022年4月　葛洲坝人民法院联合宜昌市救助管理站，签署《涉案未成年人心理帮扶合作服务协议》。

2022 年 5 月　宜昌市中级人民法院发布《关于充分发挥职能作用促进家庭教育工作的通知》。

宜昌市中级人民法院、检察院、教育局、妇联联合制定了《关于共建家庭教育指导工作站的实施意见》，在全市范围内共建家庭教育指导工作站。

荆门市中级人民法院针对荆门市地区高发未成年人被性侵案件向荆门市教育局、荆门市公安局发出司法建议。

2022 年 6 月　通城县人民法院少年审判法庭荣获“全国先进集体”称号。

2022 年 8 月　咸宁市咸安区人民法院马桥法庭、通城县人民法院城关法庭、崇阳县人民法院天城法庭等人民法庭转型为家事少年专业化法庭。

2023 年 5 月　湖北省全省法院未成年人审判工作会议在孝感市云梦县召开。

2023 年 10 月　十堰市中级人民法院、黄冈市中级人民法院荣获“全国维护妇女儿童权益先进集体”称号。

2023 年 11 月　武汉市汉阳区人民法院荣获“全国维护妇女儿童权益先进集体”称号。

2024 年 2 月　武汉市中级人民法院民事审判第一庭荣获“全国三八红旗集体”称号。

2024年4月　　天门市人民法院发出全省首份《关爱未成年人提示卡》。

2024年5月　　汉江中级人民法院和仙桃市人民法院共建“未成年人法治教育基地”在仙桃市沔城高级中学揭牌并正式启用。

湖南省

1988 年	永州市中级人民法院建立少年合议庭。
1993 年 8 月	永州市中级人民法院设立单独建制的少年审判庭。
2006 年 9 月	长沙市芙蓉区人民法院未成年人刑事案件审判庭被共青团中央、中央综治委预防办、最高人民法院等九个中央国家机关联合确定为“全国青少年自我保护教育基地”。
2009 年 2 月	株洲市中级人民法院成立维护妇女儿童权益合议庭。
2011 年 11 月	长沙市中级人民法院设立未成年人和家事案件综合审判庭。
2012 年 4 月	衡阳市中级人民法院成立未成年人案件综合审判庭。
2014 年 1 月	长沙市雨花区人民法院“推动社会力量全方位构建失足青少年帮教系统”被中央综治办、共青团中央、中国法学会评为“未成年人健康成长法治保障制度创新优秀事例”。
2014 年 12 月	娄底市中级人民法院成立未成年人案件综合审判庭。

2015 年 2 月　　邵东市人民法院成立少年法庭。

2015 年 11 月　　宁乡市人民法院在审理一起刑事案件中邀请时任全国人大代表作为“代理家长”出庭履行法定代理人职责，是全省法院第一次邀请“代理家长”参与庭审。

2018 年 4 月　　汨罗市人民法院在春雷学校成立法治教育基地。

2018 年 8 月　　湖南省高级人民法院与省教育厅等十一个部门联合发布《湖南省加强中小学生欺凌综合治理实施方案》。

2019 年 6 月　　娄底市中级人民法院与市委政法委、检察院、公安局、司法局联合发布《关于娄底市未成年人犯罪社区矫正实施细则》。

2019 年 7 月　　邵东市人民法院荣获“全国青少年维权岗”称号。

2020 年 1 月　　湖南省高级人民法院联合省民政厅、检察院等十二个部门联合发布《关于进一步加强事实无人抚养儿童保障工作的实施方案》。

2021 年 3 月　　湖南省高级人民法院成立少年法庭工作领导小组，并在十八家人民法庭设少年法庭，审理涉及未成年人刑事、民事、行政案件。

2021 年 6 月　　湖南省高级人民法院与省妇联联合出台《关于对国家赔偿和司法救助案件中妇女儿童申请人联合开展心理抚慰工作的意见》，并成立涉国家赔偿与司法救助案件妇女儿童权益保护心理工作站。

2022年1月	长沙市天心区人民法院发出《家庭教育促进法》施行后的全国首份《家庭教育令》。
2022年7月	长沙市中级人民法院发布《关于在涉未成年人案件中开展家庭教育指导工作的规范指南（试行）》。
2022年9月	株洲市中级人民法院率先在全国法院出台《关于未成年人犯罪记录封存的实施细则（试行）》。
2022年10月	长沙市中级人民法院联合市教育局、检察院、公安局、司法局发布关于贯彻落实《中小学法治副校长聘任与管理办法》的通知。
2022年11月	洪江市人民法院与市愉悦心理咨询服务中心成立全省首家社会观护工作站。
2022年12月	长沙市岳麓区人民法院与中南大学精神卫生研究所合作共建“杜鹃花·心语桥”心理健康维护辅导站
2023年1月	长沙市中级人民法院在全省范围内成立首个少年家事审判工作室——“向日葵少年法庭工作室”，融合家事调查、家事调解、家庭教育指导、心理疏导四大职能。
	长沙市开福区人民法院在审理沈某某强奸案中，依法禁止被告人沈某某终身从事密切接触未成年人的工作。这是全省法院对校外培训机构从业人员发出的首份从业禁止判决。

2023 年 3 月

长沙市芙蓉区人民法院启动涉未成年人案件引入“社会观护机制”，该机制入选湖南法院未成年人审判工作十大司法措施。

2023 年 4 月

长沙市岳麓区人民法院与区妇联联合发布湖南省首份《关于在家事案件审理中开展家事调查的工作规程（试行）》。

2023 年 5 月

衡阳市中级人民法院联合团市委、民政局、教育局、医疗保障局出台《关于加强对涉诉事实无人抚养儿童救助协作的实施意见（试行）》。

2023 年 12 月

长沙市中级人民法院未成年人和家事案件综合审判庭联合湖南省未成年人权益保障委员会办公室、湖南省青少年发展基金会、芒果 TV（芒果公益平台）共同发起“青葵守护行动”公益救助项目，对长沙法院在案件审理过程中发现的涉诉困境未成年人进行帮扶救助。

2024 年 3 月

长沙市中级人民法院制定《关于进一步规范适用从业禁止制度的意见》。

娄底市中级人民法院与市民政局联合发布《关于在协议离婚登记中开展“关爱未成年人提示”工作的实施办法（试行）》。

2024 年 4 月

岳阳市中级人民法院与市妇联联合发布《关于加强建立妇女儿童权益保护工作机制的十条意见》。

2024 年 5 月

湖南省高级人民法院少年法庭工作领导小组更名为少年审判工作领

导小组。

长沙市中级人民法院与市民政局联合发布《关于在涉及未成年子女的离婚登记中开展“关爱未成年人提示”工作的实施办法（试行）》。

长沙市芙蓉区人民法院设立全省首家集社会观护、家庭教育指导、探望权执行等多项功能于一体的“芙蓉朵朵”社会观护中心和亲子探望室。

湘西土家族苗族自治州吉首市人民法院报送的江某某正当防卫案入选最高人民法院发布的未成年人司法保护专题指导性案例。

2024 年 8 月　娄底市中级人民法院成立“娄心护蕾·爱心妈妈”志愿服务队，结对关爱留守儿童和困境儿童。

2024 年 10 月　湖南省高级人民法院与省检察院、省教育厅等七个部门联合印发《关于全面加强未成年人保护及犯罪防治工作的实施方案》。

广东省

1987年　广州市荔湾区人民法院成立全省首个少年审判合议庭。

2006年12月　作为全国法院首批试点，广州市中级人民法院少年审判庭挂牌成立。

广东省首个基层人民法院少年审判庭在广州市白云区人民法院成立。

2007年5月　广州市中级人民法院率先在全省出台少年法庭审理未成年人案件人民陪审员、社会观护（员）、庭前调查（员）制度及刑事案件审理规程等规范性文件。

2010年3月　广东省高级人民法院率先启动家事审判改革，选取一个中级人民法院、六个基层人民法院试点设立家事审判合议庭，专门审理离婚纠纷、子女抚养纠纷等案件。

2011年11月　潮州市中级人民法院设立华南地区首个全国性预防青少年犯罪研究基地。

2013年1月　广东省高级人民法院出台《广东法院家事审判工作规程（试行）》，在全省法院全面推动家事审判改革。

2013年6月	深圳市宝安区人民法院设立全国首个专门为非监禁刑未成年罪犯提供帮教服务的专项公募公益基金。
2013年12月	广东省高级人民法院首次发布《全省未成年人刑事审判白皮书》。
2015年8月	广东省高级人民法院召开家事审判程序改革动员会议，启动家事审判程序改革试点。
2015年10月	中山市中级人民法院成立全国首个“港澳青少年内地法治体验点”，服务粤港澳大湾区建设和港澳地区青少年对内地法治的普法需求。
2018年3月	广州市中级人民法院陈海仪法官被评为“全国三八红旗手”。当选第十三届全国人大代表、中国妇女十二大代表。
2018年7月	广东省高级人民法院出台《广东法院审理离婚案件程序指引》，在全国率先提供了家事诉讼专门化样本。
2018年10月	广东省高级人民法院在中山市召开全省少年法庭工作推进会。
2021年7月	广州市黄埔区人民法院审理广东省首例以判决形式确定民政部门担任监护人的民事案件。
2021年12月	广东省高级人民法院少年法庭工作办公室成立。
2022年11月	佛山市南海区人民法院审理广东省首例对性侵未成年人托管机构从业人员宣告终身禁止从事密切接触未成年人工作的刑事案件。

2023 年

广州市中级人民法院审判委员会专职委员陈海仪同志当选十四届全国人大代表、中国妇女十三大代表。

2023 年 6 月

广东省高级人民法院在七个中级人民法院、两个基层人民法院试行与公安、检察、司法行政部门共建刑事司法帮教工作体系，形成统一的帮教人员库，探索在侦查、起诉、审判、矫治阶段由相同人员开展刑事司法帮教工作。

2024 年 1 月

广东省高级人民法院、省妇联印发《关于联合开展家庭教育指导工作的实施意见》。

广西壮族自治区

1988 年	广西壮族自治区法院成立第一个审理未成年人刑事案件合议庭。
1988 年 10 月	广西壮族自治区高级人民法院召开全区法院审理未成年人刑事案件座谈会，确定在广西壮族自治区十三个县（区）基层人民法院刑事审判庭设立审理未成年人刑事案件合议庭，负责审理未成年人刑事案件。
1999 年 11 月	玉林市玉州区人民法院成立独立建制的少年刑事审判庭。
2010 年 3 月	玉林市玉州区人民法院与广西玉林商贸技工学校正式成立青少年法制教育技能培训基地，与玉林市富英制革有限公司成立青少年法制教育就业实习基地。 广西壮族自治区高级人民法院研究室荣获“全国维护妇女儿童权益先进集体”称号。
2010 年 6 月	广西壮族自治区高级人民法院印发《2010 年度未成年人刑事案件审判质量及相关工作量化考评》，对全区法院未成年人刑事案件及相关工作实行单项量化考评及表彰，是全国第一个由高级法院对下级法院未成年人刑事案件及相关少年法庭工作实行统一单项量化考评的

省份。

2011年2月

广西壮族自治区高级人民法院与自治区妇联联合开展妇女儿童维权岗创建工作。

2012年2月

贵港市港北区人民法院被中央宣传部评为“全国未成年人思想道德建设工作先进单位”。

2012年4月

南宁市中级人民法院对未成年人犯罪案件首次实行缓刑听证，并启用了圆桌法庭。

2012年9月

广西壮族自治区南丹县人民法院与贵州省独山县人民法院、荔波县人民法院、平塘县人民法院在南丹县共同签署《黔桂两省四县少数民族地区司法协作联建协议》《黔桂两省四县少数民族地区关于预防未成年人犯罪及未成年人犯罪的庭前评估及审判延伸司法协作联建协议》，首次启动未成年人刑事审判工作协作暨少数民族地区司法联建机制。

2012年11月

南宁市中级人民法院青少年法制教育基地二期工程——青少年法制教育展厅竣工。

玉林市中级人民法院联合市委政法委等部门成立广西壮族自治区首个青少年法治教育基地，在玉林市玉州区人民法院挂牌成立，被授予“全国预防青少年犯罪研究基地”称号。

2012—2013年

南宁市中级人民法院及十二个基层人民法院获批成立未成年人案件

审判庭，负责审理未成年人刑事、民事、行政、减刑假释案件，在全区率先实现未成年人案件审判庭在全市范围内的全覆盖。

2013 年 3 月

桂林市中级人民法院增设未成年人案件审判庭，负责审理涉未成年人的刑事、民事、行政案件，实现少年法庭“三审合一”审判模式。

广西壮族自治区高级人民法院等十三个集体荣获“全国维护妇女儿童权益先进集体”称号。

2014 年

广西壮族自治区高级人民法院与自治区人民检察院、公安厅、司法厅、教育厅、共青团广西区委、妇联联合出台《关于合适成年人参与刑事诉讼的规定（试行）》《关于未成年人与成年人共同犯罪分案处理暂行规定》。

广西壮族自治区高级人民法院与自治区司法厅联合发布《加强社区矫正工作协调配合备忘录》。

2014 年 3 月

广西壮族自治区高级人民法院印发《关于统一未成年人刑事案件编号的通知》，推动分案审理工作开展。

2014 年 11 月

南宁市中级人民法院未成年人案件审判庭、柳州市柳南区人民法院刑事审判少年合议庭、玉林市玉州区人民法院少年刑事审判庭荣获“全国法院少年法庭工作先进集体”称号。

南宁市中级人民法院未成年人审判庭等三个集体荣获“全国法院少年法庭工作先进集体”称号。

2015年5月　广西壮族自治区首个少年司法社工服务站——南宁市西乡塘区少年司法社工服务站揭牌成立。

2015年7月　南宁市正式成立全国反家暴联动试点，启动仪式在南宁市中级人民法院举行。

2015年8月　广西壮族自治区高级人民法院印发《关于开展家事审判改革试点工作的通知》，指定南宁市江南区人民法院等十个法院作为开展家事审判改革工作的试点单位。

2015年9月　广西壮族自治区高级人民法院印发《关于开展家事审判改革试点工作的指导意见》。

2015年12月　南宁市良庆区人民法院联合南宁市救助管理站、良庆区民政局、妇联成立广西壮族自治区首个反家暴庇护中心、探视中心。

2016年1月　广西壮族自治区高级人民法院印发通知，成立广西壮族自治区高级人民法院家事、少年审判改革工作领导小组。

柳城县人民法院家事少年审判庭正式获准成立，这是广西壮族自治区法院首个获得正式编制的家事少年审判庭。

2016年3月　广西壮族自治区高级人民法院、妇联等十二个部门联合印发《关于联动推进实施〈中华人民共和国反家庭暴力法〉工作的通知》，成立广西反家暴联动机制工作领导小组。

2016 年 5 月

柳州市中级人民法院在柳州市柳北区人民法院成立柳州市家事少年案件审理中心。

天等县人民法院挂牌成立广西壮族自治区首个专门服务留守妇女儿童老人的巡回法庭。

2016 年 6 月

柳州市家事少年案件审理中心正式运行，是全国首家实现少家融合、少年审判“三审合一”和跨城区集中管辖家事、涉少案件的审判机构。

2017 年 2 月

广西壮族自治区高级人民法院和柳州市中级人民法院派员参加最高人民法院召开的“反家庭暴力法实施一周年暨法律适用问题座谈会”并作经验发言。

广西壮族自治区高级人民法院刑事审判第三庭等六个集体荣获“全国维护妇女儿童权益先进集体”称号。

2017 年 3 月

百色市中级人民法院与那坡县人民法院拍摄的微电影《希望》入选全国法院第四届十佳微电影。广西壮族自治区高级人民法院获评组织奖。

2017 年 8 月

藤县人民法院在“关爱明天·普法先行”青少年普法教育活动中被中国关工委、司法部、中央综治办评为“优秀组织奖”。

2017 年 12 月

广西壮族自治区党委政法委（综治办）、广西壮族自治区高级人民法院等十五家单位联合印发《关于建立广西家事审判方式和工作机制改革联席会议制度的意见》。

2018年2月　广西壮族自治区高级人民法院参加最高人民法院召开的“反家庭暴力法实施二周年暨预防和惩处针对妇女儿童暴力与性侵害违法犯罪座谈会”并作经验发言。

2018年5月　广西壮族自治区高级人民法院与共青团广西区委签署《关于建立广西青少年事务社工参与涉未成年人案件纠纷解决机制的合作协议》。

2018年6月　广西壮族自治区高级人民法院印发《广西法院家事与未成年人案件审判工作规程（试行）》。

2018年7月　广西壮族自治区高级人民法院与融水苗族自治县人民法院拍摄的微电影《阿卓回家》入选全国法院第五届十佳微电影。广西壮族自治区高级人民法院获评组织奖。

2019年8月　广西壮族自治区高级人民法院、南宁市中级人民法院与马山县人民法院拍摄的微电影《贝侬》；梧州市中级人民法院拍摄的微电影《法官妈妈》；隆林各族自治县人民法院拍摄的微电影《梦还在》在全国法院第六届微电影微视频评选活动中荣获“十佳提名奖”。柳州市柳北区人民法院拍摄的微电影《爱的选择》荣获优秀奖。广西壮族自治区高级人民法院获评组织奖。

2019年11月　广西壮族自治区高级人民法院民事审判第一庭等六个集体荣获“全国维护妇女儿童权益先进集体”称号。

2020年7月	广西壮族自治区高级人民法院与自治区人民检察院等九个部门联合签发《关于联合开展打击治理性侵害未成年人违法犯罪“七提升”专项行动的通知》。
2020年8月	广西壮族自治区高级人民法院与自治区烟草专卖局等四家单位联合印发《开展禁止向未成年人售烟专项行动的通知》。
2020年9月	广西壮族自治区高级人民法院与自治区教育厅等六个部门联合会签印发《广西中小学法治副校长（辅导员）管理办法》。
2020年10月	广西壮族自治区高级人民法院印发《关于家事审判改革向人民法庭延伸的指导意见》。
2021年	岑溪市人民法院在筋竹、南渡、糯垌、大隆四个人民法庭建成面向农村青少年的法治教育基地，实现全市人民法庭青少年法治教育基地全覆盖。
2021年2月	巴马瑶族自治县人民法院举行“少年法庭”揭牌仪式，这是广西壮族自治区首家以加挂牌子的方式设立的少年法庭。
2021年3月	由央视拍摄的记录柳州市家事少年案件审理中心法官办案过程的原生态法治纪录片《家事如天》柳州篇在央视栏目播出。
2021年6月	浦北县人民法院拍摄的微电影《叶子的秘密》、贺州市中级人民法院拍摄的微电影《一个都不能少》分别荣获第二届全国法院未成年人司法保护“十佳微电影”“优秀微电影”奖。

2021 年 10 月

广西壮族自治区高级人民法院印发《关于加强新时代未成年人审判工作的实施意见》。

2021 年 11 月

广西壮族自治区高级人民法院发布《广西未成年人审判工作白皮书》，同时联合多家单位印发《关于进一步建立健全妇女儿童权益保护工作机制的通知》。

2021 年 12 月

融水苗族自治县人民法院等六个集体荣获“全国维护妇女儿童权益先进集体”称号。

2022 年 1 月

广西壮族自治区高级人民法院向一起离婚纠纷申请再审案件当事人发出全国首份由高级人民法院发出的《家庭教育令》。

2022 年 2 月

广西壮族自治区高级人民法院发布《关于加强适用涉未成年人案件家庭教育指导令的通知》。

2022 年 4 月

柳州市中级人民法院与市教育局、司法局、团市委、妇联共同对一起离婚纠纷当事人作家庭教育指导，共同发出广西壮族自治区首份五个部门联合制作的《家庭教育责任告知书》，并联合成立柳州市家庭教育指导中心。

2022 年 5 月

“南宁市未成年人司法社会工作服务中心”正式揭牌成立，标志着广西试点少年司法社会工作及家庭教育指导工作集约化管理正式开始。

2022 年 6 月

广西壮族自治区高级人民法院参加中德两国法官未成年人审判专题网络交流会。

2022年8月

广西壮族自治区高级人民法院刑三庭、柳州市柳北区人民法院家事和少年审判庭（柳北家事少年案件审理中心）荣获“全国法院少年法庭工作先进集体”称号。

2022年9月

广西壮族自治区高级人民法院与自治区妇联、教育厅、公安厅、民政厅、司法厅、卫生健康委共同印发《关于进一步推进人身安全保护令制度贯彻实施的意见》。

广西壮族自治区高级人民法院牵头召开“广西家事审判方式和工作机制改革联席会议”第三次全体会议，发布联席会议成员单位推动家事审判改革工作案例十三件，广西法院维护妇女儿童老年人残疾人权益典型案例十二件。

广西壮族自治区高级人民法院发布《关于贯彻落实未成年人犯罪记录封存的通知》。

2022年11月

灵山县人民法院依法宣判一起强制猥亵案，该案系广西壮族自治区首例对性侵害未成年人的教职人员宣告终身禁业的刑事案件。

广西壮族自治区桂林市青少年法治教育实践基地被全国普法办确定为第四批全国法治宣传教育地。

2022年12月

广西壮族自治区高级人民法院与自治区民政厅、人民检察院、教育厅、公安厅等部门联合印发《关于建立孤儿和事实无人抚养儿童信息共享和数据比对工作机制的通知》。

浦北县人民法院荣获“全国青少年普法教育先进集体”称号。

2023 年 7 月　广西壮族自治区高级人民法院与共青团广西区委签署《构建广西预防青少年违法犯罪工作体系合作框架协议》，以及协同工作机制框架协议，推动构建“省域统筹 + 一站式”12355 青少年服务台。

2023 年 11 月　广西壮族自治区高级人民法院参加中挝论坛普法交流，讲授未成年人刑事诉讼特别程序。

南宁市江南区人民法院等三个集体荣获“全国维护妇女儿童权益先进集体”称号。

2024 年 3 月　广西壮族自治区高级人民法院印发《关于进一步做好中小学法治副校长工作的通知》。

2024 年 4 月　钟山县人民法院城厢人民法庭在一起涉未成年人子女的离婚纠纷案件中发出广西壮族自治区首份《关爱未成年人提示书》。

2024 年 5 月　广西壮族自治区高级人民法院印发《关于加强在涉及未成年人案件中开展“关爱未成年人提示”“家庭教育责任告知”工作的通知》。

海南省

2010年11月　海口市秀英区人民法院成立全省首家独立建制的未成年人犯罪专门审判机构——海口市少年法庭，集中审理海口市辖区一审未成年人刑事案件。

2014年8月　海口市少年法庭实行“刑事、民事、行政”一体化“三审合一”审理模式。

2014年11月　海口市少年法庭荣获“全国法院少年法庭工作先进集体”称号。

2016年5月　文昌市人民法院成立家事少年审判庭。

2016年12月　海口市少年法庭荣获“全国维护妇女儿童权益先进集体”称号。

2021年3月　海南省高级人民法院印发《关于加速推进全省法院未成年人审判工作的工作方案》。省法院按照行政区划布局，挂牌成立少年法庭，实现全覆盖。

2022年8月　海口市少年法庭荣获“人民法院少年法庭工作先进集体”称号。

2023年3月　海南省高级人民法院印发《海南省高级人民法院关于开展海南法院

未成年人“护苗”专项行动（2023—2025年）实施方案》。

2023年6月　海南省高级人民法院印发《海南省高级人民法院、海南省人民检察院、海南省公安厅关于依法处置监护人侵害未成年人权益行为的“护苗”行动（2023—2025年）实施方案》。

2023年7月　海南省高级人民法院印发《海南省高级人民法院关于落实妇女儿童发展规划（2021—2030年）的工作方案》。

2023年9月　海南省高级人民法院、海南省教育厅联合印发《关于建立青少年法治教育实践基地的实施意见》的通知。

2023年10月　海南省高级人民法院和省教育厅在全省三十一家法院、五十四个人民法庭同步举行青少年法治教育实践基地揭牌仪式，联手共建法治教育基地。

2023年12月　三亚市城郊人民法院在全省首次联合社区设立“红沙社区未成年人保护站”。

2024年5月　全省首个模拟法庭社团联盟——“秀晓法”模拟法庭社团联盟成立。

重庆市

1990 年 11 月	沙坪坝区人民法院率先在全市成立少年刑事审判庭。
2000 年 2 月	沙坪坝区人民法院荣获“全国青少年维权岗”称号。
2002 年 8 月	沙坪坝区人民法院少年刑事审判庭荣获“全国青少年犯罪研究先进集体”称号。
2004 年 12 月	沙坪坝区人民法院少年刑事审判庭荣获“全国法庭工作先进集体”称号。
2005 年 12 月	沙坪坝区人民法院与西南政法大学成立“未成年人司法制度研究基地”。
2007 年	重庆市第一中级人民法院等十四家中、基层人民法院陆续设立独立建制未成年人案件审判庭。
2009 年 3 月	重庆市第五中级人民法院开通西部地区第一家官方博客“第五少年法庭”，通过以案释法、留言回访等方式大力开展法治宣传教育。
2009 年 9 月	沙坪坝区人民法院未成年人审判庭荣获“全国三八红旗集体”称号。

2010 年 4 月	开州区人民法院在全市率先设立专门涉诉心理辅导机构“红梅姐姐”心理理疗室。
2010 年 8 月	沙坪坝区人民法院与西南政法大学、美国耶鲁大学联合举办“中美未成年人量刑前程序比较研究专题研讨会”。
2011 年 7 月	巴南区人民法院荣获“全国青少年普法教育先进单位”称号。
2012 年 8 月	重庆市第五中级人民法院被确定为第二批独立建制未成年人案件审判庭试点工作的试点法院。
2014 年 1 月	南岸区人民法院、巴南区人民法院荣获“未成年人健康成长法治保障制度创新事例”奖。
2014 年 4 月	重庆市第五中级人民法院与西南政法大学少年法学研究中心举行教学科研实习基地授牌仪式。
2014 年 8 月	南岸区人民法院荣获“全国青少年普法教育先进单位”称号。
2014 年 11 月	合川区人民法院未成年人审判庭荣获“全国法院少年法庭先进集体”称号。
2015 年 2 月	合川区人民法院未成年人审判庭荣获“全国巾帼文明岗”称号。
2015 年 5 月	重庆市第五中级人民法院与重庆外国语学校共建法治教育实践基地。

2015 年 7 月

荣昌区人民法院联合区妇联成立全市首个跨部门联动妇女儿童工作室“梁远平工作室”，并在区妇联成立了“梁姐工作室”。

2016 年 12 月

重庆市第五中级人民法院未成年人审判庭荣获“全国青少年维权岗”称号。

开州区人民法院家事审判庭荣获“全国维护妇女儿童权益先进集体”称号。

荣昌区人民法院拍摄的微电影《暖阳》首映，荣获第二届“平安中国”微电影评选优秀奖、第四届“全国法院系统微电影评选优秀奖”。

2017 年 2 月

綦江区人民法院、荣昌区人民法院荣获中华全国妇女联合会“全国妇女儿童维权先进集体”称号。

2018 年 7 月

万州区人民法院民一庭荣获“全国法院家事审判工作先进集体”称号。

合川区人民法院拍摄的微电影《明大，你好》，荣获“全国法院第五届十佳微电影暨首届微视频评选优秀奖”。

2019 年 2 月

重庆市第五中级人民法院向重庆市教委发出关于加强未成年人自我保护，预防性侵教育的司法建议。重庆市教委吸纳该建议并形成预防未成年人性侵案件“三步走”的工作方式。

2019年12月

城口区人民法院民庭、合川区人民法院未成年人审判庭、万州区人民法院民一庭荣获“全国维护妇女儿童权益先进集体”称号。

全市第一家“小公民法律课堂”教育实践基地在荣昌区青少年活动中心成立。

2020年1月

荣昌区人民法院成立全市首个家事少年纠纷解决中心。

2021年4月

重庆市高级人民法院印发《关于加强新时代未成年人审判工作的实施意见》。

2021年5月

重庆市高级人民法院成立少年法庭工作领导小组，办公室设在研究室，并印发《加强新时代未成年人审判工作任务分解方案》。

2021年7月

重庆市高级人民法院印发《关于在全市法院推广未成年人司法保护“‘四个一’建设”工作机制的实施方案》。

2021年8月

重庆市高级人民法院印发《关于进一步加强兼职法治副校长选聘工作的通知》。

2021年11月

荣昌区人民法院拍摄的微视频《海棠芳华之爱的温度》荣获第八届“金法槌奖”微电影微视频征集展播活动网络人气奖、优秀奖。

潼南区人民法院拍摄的微电影《樱桃的心愿》荣获第八届“金法槌奖”微电影微视频征集展播活动微电影类优秀奖。

2021 年 12 月　重庆市第五中级人民法院未成年人审判庭荣获“全国普法工作先进单位”称号。

2022 年 3 月　重庆市高级人民法院开展“家庭教育指导工作站”试点工作。

重庆市第三中级人民法院、綦江区人民法院审理的胡某、王某诉某餐厅死亡赔偿案入选最高人民法院未成年人司法保护专题指导性案例。

2022 年 5 月　重庆市高级人民法院、重庆市教委等六家单位联合印发《关于开展重庆市青少年法治教育实践基地建设工作的通知》。

2022 年 6 月　重庆市教委、重庆市高级人民法院等五家单位联合印发《关于贯彻落实中小学法治副校长聘任与管理办法的通知》。

2022 年 8 月　重庆市第五中级人民法院未成年人审判庭荣获“全国少年法庭工作先进单位”称号。

2023 年 3 月　江津区人民法院在石龙门村挂牌成立首个“川渝两地妇女儿童维权站”。

2023 年 9 月　重庆市高级人民法院少年法庭工作领导小组更名为少年审判工作领导小组，办公室调整到民一庭。

重庆团市委、市委政法委、重庆市高级人民法院等九家单位联合印发《涉案涉罪、有严重不良行为未成年人帮教工作指引（试行）》。

开州区人民法院设立全市首个品牌化未成年人审判机构“开心小渝儿”少年审判办公室。

2023 年 11 月　　南川区人民法院民一庭、梁平区人民法院民一庭、忠县区人民法院翠屏法庭荣获“全国维护妇女儿童权益先进集体”称号。

2023 年 12 月　　重庆市委批复同意重庆第一、二、三、四中级人民法院成立未成年人案件审判庭。

重庆市民政局、重庆市高级人民法院等十五家单位联合印发《重庆市城乡留守儿童和困境儿童关爱服务质量提升三年行动实施计划》。

合川区人民法院拍摄的微电影《安家》荣获第十届“金法槌奖”微电影微视频征集展播活动优秀奖。

2024 年 1 月　　重庆市教委、重庆市高级人民法院等五家单位联合印发《关于加强未成年学生法治教育　切实做好未成年学生防性侵防欺凌和预防违法犯罪工作的通知》。

2024 年 2 月　　重庆市高级人民法院发布《关于未成年人案件审判庭受案范围的通知》。

2024 年 3 月　　合川区人民法院、南岸区人民法院、荣昌区人民法院、开州区人民法院率先实现未成年人案件“三审合一”集中审理。

2024 年 4 月　　城口区人民法院发出重庆市首份涉未成年子女离婚案件《关爱未成

年人提示卡》。

2024 年 5 月　重庆市第二中级人民法院在重庆市万州区新仪学校设立全市首个设在专门学校的巡回审判站。

2024 年 6 月　重庆市第二中级人民法院协助推动重庆市万州区百安小学成立全市首个学生欺凌治理委员会。

开州区人民法院联合川渝地区和东北地区六地法院，共同发布未成年人权益司法保护典型案例，以案例保障权利、以司法护航成长。

四川省

1992 年 8 月　成都市中级人民法院成立少年家事庭。

1998 年 8 月　成都市中级人民法院少年审判庭由刑事审判第一庭统一管理，成为相对独立的少年审判庭，配备专门审判人员开展少审工作。

2005 年 12 月　成都市中级人民法院被确定为全国首批成立未成年人案件综合审判庭的试点法院，恢复独立建制的未成年人案件综合审判庭。

2006 年 12 月　成都市中级人民法院少年审判综合庭正式挂牌成立，审理未成年人刑事、民事、行政案件以及未成年人减刑假释案件。

2012 年 3 月　四川省高级人民法院发布《关于进一步加强少年法庭工作的通知》。

2012 年 5 月　四川省高级人民法院将“少年审判指导小组”更名，并设立“少年法庭工作办公室”。

2012 年 12 月　四川省高级人民法院设立未成年人案件合议庭。

泸州市中级人民院设立未成年人案件综合审判庭。

2015 年	眉山市综治委、中级人民法院、人民检察院、公安局、司法局、教育体育局、民政局、卫计委、共青团市委、妇联发布《关于建立预防惩治侵害留守儿童犯罪联动机制的实施意见（试行）》。
2015 年 3 月	内江市中级人民法院增设独立编制的未成年人案件审判庭。
2015 年 4 月	自贡市中级人民法院成立未成年人案件综合审判庭。
2015 年 8 月	绵阳市中级人民法院成立独立建制的少年审判庭。
2015 年 11 月	成都市中级人民法院未成年人案件综合审判庭调整为未成年人及家事案件综合审判庭，积极推进少年审判和家事审判的融合发展。
2016 年 10 月	邻水县人民法院荣获“全国青少年维权岗”称号。
2016 年 12 月	成都市中级人民法院联合成都市教育科学研究院发布《未成年人心理干预机制运行规则（试行）》《未成年人刑事案件心理干预制度实施办法（试行）》。
2018 年 5 月	自贡市中级人民法院首次发布《自贡法院未成年人审判工作白皮书》。
2019 年 3 月	泸州市中级人民法院未成年人案件综合审判庭荣获“全国青少年维权岗”称号。
2019 年 4 月	四川省高级人民法院发布《关于进一步加强少年法庭工作的实施

方案》。

泸州市中级人民法院未成年人案件综合审判庭荣获“全国巾帼文明岗”称号。

2019年9月　成都市中级人民法院率先建立侵害未成年人利益违法犯罪人员数据库。

2020年7月　绵阳市中级人民法院发布《涉案未成年人救助制度实施细则（试行）》。

2020年10月　成都市中级人民法院与成都教育科学研究院签署《未成年人案件心理干预机制运行规则》。

2021年3月　乐山市中级人民法院与市人民检察院、公安局、教育局、民政局、共青团市委、妇联会签《关于印发〈关于开展打击侵害未成年人犯罪“海棠利剑Ⅱ”专项行动的工作方案〉的通知》。

乐山市市中区人民法院在海棠人民法庭打造全省首个“海棠花开”司法品牌，提出“少年＋家事＋邻里”纠纷一体化解纷体系。

2021年11月　叙永县人民法院发出全省首份《家庭教育指导令》，写入2022年最高人民法院工作报告。

全国首个家庭教育指导工作站落户叙永县人民法院。

2021年12月　成都铁路运输第一法院制作的微电影《轨》，荣获第八届“金法槌奖”微电影一等奖。

2022年5月　　四川省高级人民法院推动十二家单位联合制定《关于依法严厉打击性侵未成年人犯罪　加强源头防范综合治理的意见》。

2022年8月　　泸州市中级人民法院未成人案件综合审判庭荣获“全国少年法庭先进集体”称号。

2022年11月　　成都市中级人民法院与市多解办、市民政局、市司法局、市妇联联合签署《全市家事纠纷全链条预防化解机制》。

2023年2月　　叙永县人民法院未成年人审判庭荣获“全国巾帼文明岗”称号。

2023年5月　　四川省高级人民法院发布《关于增设涉未成年人案件司法统计指标的通知》。

2023年11月　　四川省高级人民法院院长王树江担任四川师范大学附属中学法治副校长。

成都法院会同成都未管所建设的“豌豆荚”成都市青少年法治教育基地揭牌启动。

2024年4月　　四川省高级人民法院成立少年审判法庭并创办《少年法庭工作专刊》，开设《四川刑事法苑》“川法少审”专栏。

2024年5月　　四川省高级人民法院连续五年发布涉未成年人司法保护典型案例。

贵州省

1982年3月

贵州省高级人民法院召开全省第二十一次法院工作会议，要求全省各级人民法院及时纠正对少年犯罪量刑偏重的现象。

1988年6月

贵州省高级人民法院在贵阳市召开全省法院审理未成年人刑事案件座谈会，传达“上海会议”的主要精神，学习上海等地法院开展少年法庭工作的经验。

1988年7月

贵阳市南明区人民法院成立全省第一个少年刑事合议庭。

1990年11月

贵州省高级人民法院成立少年法庭工作指导小组。

1991年6月

贵州省高级人民法院召开全省刑事审判工作会议，对普遍推广少年法庭进行工作安排。

1992年11月

安顺市西秀区人民法院成立全省首家独立建制的少年法庭。

1997年2月

铜仁市万山特区人民法院在刑事审判第一庭挂牌成立少年刑事审判庭。

2007年4月

贵阳市中级人民法院出台《关于进一步加强少年法庭工作、试点设立未成年人案件综合审判庭的实施意见》《审理未成年人刑事案件的实施细则》。

2007 年 6 月　贵阳市中级人民法院出台《关于在贵阳市开展未成年人刑事案件中指定管辖工作的若干意见》《指定管辖决定书》。

2007 年 7 月　贵阳市中级人民法院成立少年刑事审判庭。

2008 年 6 月　贵州省委政法委、检察院、高级人民法院、公安厅研究制定了《涉案未成年人违法及轻罪犯罪记录消除试行办法》，首次建立犯罪记录消除制度。

2009 年 4 月　遵义市中级人民法院成立未成年人案件综合审判庭。

2010 年 1 月　贵阳市中级人民法院与常州市中级人民法院签署《关于开展少年司法协作、共建“少年审判友好庭”的协定》。

2010 年 4 月　贵阳市中级人民法院少年审判庭承办的全省第一个少年司法专业性内部刊物《救赎》创刊。

2010 年 11 月　贵州省高级人民法院、检察院、公安厅、司法厅共同制定《贵州省未成年人违法和轻罪记录消除暂行办法》。

2011 年 1 月　贵阳市中级人民法院出台《关于在未成年人刑事审判中依法扩大非罪处理、扩大使用非监禁刑和运用和解方式的指导意见》《关于审理未成年人民事案件的指导意见》。

2012年1月　贵阳市中级人民法院出台《关于进一步加强预防青少年违法犯罪和重点青少年群体帮教工作的实施方案》。

2012年3月　贵阳市中级人民法院联合市人民检察院、市公安局等多家行政机关共同出台《贵阳市未成年违法和轻罪记录消除实施细则（试行）》。

2012年4月　贵阳市中级人民法院出台《关于开展未成年人轻罪记录消除工作的实施方案》。

2012年6月　贵阳市中级人民法院出台《关于开展社区矫正工作的实施意见》。

2014年7月　遵义市中级人民法院、市司法局联合发布《关于加强对未成年人案件配套工作体系的意见》。

2014年11月　贵阳市中级人民法院未成年人案件综合审判庭荣获“全国法院少年法庭工作先进集体”称号。

2018年9月　贵阳市花溪区人民法院建设全省首家青少年法治教育基地。

2019年11月　贵州省高级人民法院民一庭荣获“全国维护妇女儿童权益先进集体”称号。

2021年8月　黔南布依族苗族自治州中级人民法院设立未成年人保护工作领导小组。

2021年10月　黔南布依族苗族自治州中级人民法院出台《关于未成年人司法保护

的实施意见》《涉未成年人案件统计工作的指导意见》。

2021 年 11 月　贵州省高级人民法院出台《关于加强未成年人国家司法救助工作的意见》。

2022 年 1 月　贵州省高级人民法院成立少年法庭工作办公室。

遵义市中级人民法院发出全省首份《家庭教育令》。

2022 年 4 月　修文县人民法院挂牌成立全省法院首家家庭教育指导工作站。

毕节市中级人民法院出台《关于进一步深化未成年人司法保护工作方案》。

2022 年 5 月　遵义市中级人民法院挂牌成立贵州首批“法院 + 妇联”家庭教育服务中心，覆盖全市法院和妇联。

2022 年 6 月　黔南布依族苗族自治州中级人民法院出台《关于法官及法官助理担任法治副校长工作的管理办法》。

黔南布依族苗族自治州中级人民法院成立少年法庭工作办公室。

2022 年 7 月　遵义市青少年法治教育基地揭牌仪式在遵义市中级人民法院举行。

2022 年 8 月　贵州省高级人民法院出台《未成年人犯罪记录档案查询暂行办法》。

遵义市中级人民法院荣获“人民法院少年法庭工作先进集体”称号。

2022年11月　遵义市中级人民法院与市民政局在易地扶贫搬迁安置点成立全省首个“红城有爱·法护未来”儿童之家示范点。

2023年3月　遵义市中级人民法院未成年人案件综合审判庭荣获“全国巾帼文明岗”称号。

2023年4月　黔南布依族苗族自治州中级人民法院组建未成年人案件合议庭。

2023年7月　贵州省高级人民法院向贵州省教育厅发出《司法建议书》，进一步加强联动，形成打击教职员工侵害未成年人犯罪行为的合力。

2023年10月　毕节市中级人民法院审判监督第二庭荣获“全国维护妇女儿童权益先进集体”称号。

2023年11月　贵州省高级人民法院成立少年审判工作办公室。

2024年3月　毕节市中级人民法院设立未成年人审判庭。

2024年4月　贵州省高级人民法院与贵州省人民检察院、贵州省妇女联合会联合举办“法治守护半边天　携手建功新时代”妇女儿童开放日活动。

桐梓县人民法院发出全省首份涉未成年子女离婚案件《关爱未成年人提示》。

2024年5月

贵州省高级人民法院出台《关于推进未成年人司法保护十大行动的意见》。

遵义市中级人民法院召开未成年人司法保护工作新闻发布会，通报近年来全市法院未成年人司法保护工作、校园法官工作站工作开展情况及成效。

贵州省高级人民法院在省图书馆举行“司法护未　平安黔行”“六一”儿童节主题活动。

云南省

1987年	昆明市盘龙区人民法院正式成立云南省首家少年刑事审判合议庭。
1990年12月	云南省高级人民法院成立少年合议庭，昆明、曲靖、保山等市两级法院相继成立少年审判庭。
1992年4月	云南省高级人民法院首次在昆明市召开全省少年刑事审判工作会议。
1994年	个旧市人民法院少年法庭被最高人民法院评选为“先进集体”，少年法庭创立的“三段两议制”审判方式，在全省作为经验推广。
1994年11月	云南省高级人民法院第二次在昆明市召开全省少年刑事审判工作会议。
1999年11月	昆明市盘龙区人民法院荣获“全国未成年人保护工作先进集体”称号。
2001年9月	昆明市盘龙区人民法院、个旧市人民法院荣获“全国青少年维权岗”称号。
2002年6月	云南省关工委与英国救助儿童基金会合作，将昆明市盘龙区人民

法院作为试点，开展“未成年人审判分流试点项目”，是我国最早建立的以挽救触法未成年人、预防未成年人违法犯罪为目标的司法试点项目。

2006 年 7 月　曲靖市中级人民法院被最高人民法院确定为未成年人案件（综合）审判试点单位。

2007 年 1 月　曲靖市中级人民法院召开未成年人案件（综合）审判试点工作会议。

2011 年 9 月　德宏傣族景颇族自治州中级人民法院成立未成年人案件审判庭。

2013 年 1 月　昆明市中级人民法院被列为第二批开展设立独立建制未成年人案件审判庭试点法院。

2013 年 7 月　云南省高级人民法院印发《关于审理未成年人刑事案件的实施意见（试行）》。

2013 年 8 月　昆明市中院未成年人案件审判庭成立。

德宏傣族景颇族自治州中级人民法院制定《德宏州中级人民法院未成年人犯罪记录封存办法（试行）》。

2013 年 9 月　昆明市中级人民法院未成年人案件审判庭联合云南省未成年犯管教所开办“彩虹国学班”“蒲公英女子课堂”，积极开展对失足未成年人的延伸帮教。

2014年7月

昆明市盘龙区人民法院在全省率先引入未成年被告人犯罪心理评估机制。

2014年9月

昆明市盘龙区人民法院拍摄以未成年人犯罪真实案例改编的《法庭外的春天》。

2014年11月

昆明市盘龙区人民法院荣获“全国少年审判工作先进集体”称号。

2014年12月

云南省首家未成年人观护教育基地——昆明市未成年人观护教育（汇和）基地，在云南民营企业云南汇和集团举行揭牌仪式。

2015年3月

昆明市中级人民法院未成年人案件审判庭荣获最高人民法院“先进集体”“全国巾帼建功先进集体”称号。

2015年9月

昆明市盘龙区人民法院成立云南省首家基层人民法院未成年人观护教育基地。

2016年9月

昆明市盘龙区人民法院荣获“全国青少年维权岗”称号。

2018年4月

昆明市盘龙区人民法院在全省率先联合区公安局、检察院、未成年人司法项目办、司法局等部门共同成立“一站式”取证与司法保护中心。

2018年7月

弥勒市人民法院少年审判庭荣获“全国法院家事审判工作先进集体”称号。

2019 年 6 月　　昆明市盘龙区人民法院荣获“全国青少年维权岗”称号。

2019 年 11 月　　昆明铁路运输中级法院拍摄的微电影《代价》，获庆祝新中国成立七十周年全国法院优秀微电影微视频作品评选优秀微电影奖及第六届“金法槌奖”微电影三等奖。

2020 年 5 月　　楚雄彝族自治州中级人民法院制发《办理涉未成年人案件中全面开展家庭教育引导工作机制》。

云南省高级人民法院召开未成年人权益司法保护新闻发布会，并发布未成年人权益司法保护典型案例。

2020 年 7 月　　昆明市盘龙区人民法院联合高校法学院、社区、医院、银行、企业等，在全国首创“院校审智共建法治社会基层治理机制”。

2021 年 5 月　　云南省高级人民法院成立少年法庭工作领导小组。

2021 年 5—7 月　　云南省州市两级法院相继挂牌成立少年法庭。

2021 年 7 月　　普洱市思茅区人民法院荣获“全国青少年维权岗”称号。

2022 年 5 月　　云南省高级人民法院召开未成年人权益司法保护新闻发布会，并发布未成年人权益司法保护典型案例。

昆明市中级人民法院在全省法院率先成立“家庭教育指导中心”。

2022 年 10 月　昆明市中级人民法院联合昆明市教体局举行法治副校长聘任仪式。

2023 年 2 月　德宏傣族景颇族自治州中级人民法院首次判决支持刑事附带民事精神损害赔偿案件。

2023 年 3 月　大理白族自治州中级人民法院邀请州人民检察院、司法局、民政局、教体局、卫健委、关工委、团州委和妇联等单位召开座谈会，协同建立家庭教育指导联动工作机制。

2023 年 4 月　德宏傣族景颇族自治州中级人民法院牵头联合团州委、州妇联、关工委、教体局举行“春泥家庭教育指导中心”揭牌仪式，联合签署《关于联合设立家庭教育指导工作机制的意见（试行）》。

2023 年 5 月　云南省高级人民法院召开未成年人权益司法保护新闻发布会，并发布未成年人权益司法保护典型案例。

全省各级法院先后联合检察院、司法局、民政局、教体局、卫健委、关工委、团委、妇联等共同建立“家庭教育指导站”。

2023 年 10 月　云南省高级人民法院成立少年审判工作领导小组。

2024 年 4 月　云南省高级人民法院调整少年审判工作领导小组，由党组书记、院长张应杰担任组长。

云南省高级人民法院举行“保护妇女儿童权益专题开放日”活动。

2024 年 6 月　云南省高级人民法院召开未成年人权益司法保护典型案例新闻发布会，并发布八件典型案例。

西藏自治区

1999 年 10 月

山南市中级人民法院设立少年法庭。

2014 年 11 月

拉萨市城关区人民法院荣获“全国法院少年法庭工作先进集体”称号。

2020 年 8 月

拉萨市中级人民法院成立审理未成年人犯罪案件合议庭。

2021 年 7 月

西藏自治区高级人民法院设立未成年人审判工作办公室，负责全区法院未成年人审判工作的组织领导。

西藏自治区部分中、基层人民法院制定《关于建立家事审判方式和工作机制改革联席会议制度》，整合政府、公安、妇联、民政局、学校等有关力量，形成多元化解决家事纠纷社会治理机制。

2021 年 8 月

西藏自治区高级人民法院制定《关于加强新时代我区未成年人审判工作的实施意见》。

西藏自治区各中院成立涉未成年人案件合议庭并加挂少年法庭牌子，负责统一审理应当由各中院审理的涉未成年人刑事、民事、行政、一审、二审、再审、赔偿等案件。

西藏自治区法院推行少年法庭审判设施改造提升工程，对加挂少年法庭牌子的相关法院的少年法庭审判场所设施进行改造，设置数字化圆桌审判法庭和心理疏导室等。建立专门经费保障机制，将少年法庭法治教育和社会延伸工作经费纳入经费预算范围。

西藏自治区法院建立重大敏感未成年人案件办案指导机制，西藏自治区部分法院设立少年法庭，推行“圆桌审判”模式。

西藏自治区部分法院选配具有丰富家事纠纷审判经验的办案团队，推动未成年人刑事、民事案件由“家事法庭”集中统一办理。

2024 年 2 月

开展“把爱带回家——真情暖童心，相伴护成长”2024 年寒假儿童关爱服务活动。

2024 年 4 月

西藏自治区高级人民法院建立了未成年人案件“三合一”审判工作机制，并要求全自治区中级人民法院和有条件的基层人民法院参照建立相关工作机制。

全自治区各级法院开展“妇女儿童权益专题开放日”活动。

陕西省

2009 年 2 月

陕西省高级人民法院制定发布《关于进一步加强少年法庭工作的通知》。

2009 年 7 月

陕西省高级人民法院制定发布《关于深化“审判进学校”的通知》，要求全省各级法院加大学校法治教育工作。

2011 年 9 月

陕西省高级人民法院制定发布《关于进一步加强少年法庭工作的意见》。

2012 年 6 月

陕西省高级人民法院制定发布《关于开展未成年人案件综合审判庭试点工作的通知》，在全省确定了十七个中、基层人民法院开展未成年人案件综合审判试点工作，要求试点法院成立专门的少年审判机构，统一办理未成年人刑事、民事、行政及减刑、假释案件。

2012 年 12 月

西安市中级人民法院、咸阳市中级人民法院被最高人民法院确定为全国第二批独立建制未成年人案件综合审判庭试点法院。

2013 年

渭南市综治委、市中级人民法院、检察院、公安局、司法局联合发布《渭南市社区矫正衔接工作细则》。

2013 年 3 月　陕西省高级人民法院等九个陕西法院集体和七名陕西法院个人被全国妇联分别授予“全国维护妇女儿童权益先进集体”和“先进个人”称号。

2013 年 8 月　咸阳市中级人民法院会同市司法局印发《关于对未成年被告人进行社会调查工作的规定》。

2013 年 9 月　咸阳市开展未成年人犯罪案件集中管辖司法改革。

2014 年 3 月　陕西省高级人民法院在国家法官学院西安司法警察分院举办全省法院少年法庭法官培训班，首次对全省法院少年法庭审判骨干及部分法院人民陪审员进行专门培训。

2009—2014 年　陕西法院系统先后有五个集体荣获“全国青少年维权岗”称号。

2015 年 3 月　咸阳市中级人民法院维护妇女儿童权益法庭荣获“全国三八红旗集体”称号。

2017 年 12 月　陕西省高级人民法院联合团省委举行“12.4 青少年法治宣传教育周暨少年法庭进校园活动”启动仪式。

2019 年 2 月　咸阳市中级人民法院未成年人案件审判庭荣获“全国青少年维权岗”称号。

2019 年 3 月　安康市中级人民法院拍摄的微电影《把时间留给爱》荣获全国法院第六届微电影微视频“十佳提名奖”。

2019 年 5 月　陕西省高级人民法院联合团省委举办未成年人司法保护典型案例发布暨“红领巾法学院”法治教育实践活动。

2019 年 12 月　陕西省高级人民法院联合团省委、省教育厅在延安举行全省青少年法治教育实践基地建设暨“红领巾法学院”创建工作观摩推进活动。

2021 年 5 月　陕西省高级人民法院印发《关于加强未成年人审判工作的实施意见》。

陕西省高级人民法院举行少年法庭工作办公室暨全省法院少年法庭集中揭牌仪式。

2021 年 6 月　陕西省高级人民法院举行《红领巾法学院》青少年模拟法庭栏目第一期开播仪式。

2021 年 12 月　安康市中级人民法院民事审判第三庭荣获“全国维护妇女儿童权益先进集体”称号。

2022 年 9 月　西安市中级人民法院未成年人案件综合审判庭、彬州市人民法院少年法庭荣获“人民法院少年法庭工作先进集体”称号。

2023 年 2 月　陕西省高级人民法院召开全省法院少年法庭工作会议。

2024 年 5 月　陕西省高级人民法院发布《未成年人司法保护白皮书》及未成年人

司法保护典型案例。

西安市中级人民法院审理的张某诉李某、刘某监护权纠纷案被最高人民法院作为指导性案例发布。

甘肃省

1987 年 12 月　　兰州市城关区人民法院设立少年刑事案件合议庭。

1995 年 8 月　　甘肃省高级人民法院少年法庭工作指导小组成立。

2010 年 6 月　　兰州市城关区人民法院成立了甘肃省第一个涉及未成年人刑事、民事、行政审判的具有独立建制的综合少年法庭。

2012—2013 年　　陇南市中级人民法院、兰州市中级人民法院、武威市凉州区人民法院相继成立具有独立建制的少年法庭。

2012 年 12 月　　甘肃省高级人民法院增设少年法庭。

2014 年 1 月　　甘肃省高级人民法院少年法庭正式挂牌成立，是继北京、上海之后全国第三个成立少年法庭的高级人民法院。

2016 年　　甘肃省高级人民法院少年法庭被共青团中央、最高人民法院联合授予“青年文明岗”称号。

2021 年 3 月　　甘肃省高级人民法院研究制定《关于加强新时代未成年人审判工作的实施意见》。

天水市秦州区人民法院少年法庭荣获“全国青少年维权岗”称号。

2021 年 12 月　甘肃省高级人民法院少年法庭荣获“维护妇女儿童权益先进集体”称号。

2021—2022 年　张掖市甘州区人民法院刑事审判庭、兰州市七里河区人民法院龚家湾法庭等六十八家法庭通过改造或加挂牌子的方式设立少年法庭。

2022 年 3 月　甘肃省高级人民法院少年法庭被中央政法委、中国关工委、司法部、共青团中央、中国法学会联合表彰为“全国青少年普法教育先进集体”。

甘肃省高级人民法院联合省人民检察院、公安厅、教育厅、民政厅、妇联联合发布《关于在涉未成年人案件中开展家庭教育指导工作的实施意见（试行）》。

2022 年 4 月　天水市中级人民法院制定印发《人身安全保护令实施细则》。

2023 年 2 月　甘肃省高级人民法院以法治副校长的名义，向全省中小学生发出首封《开学一封信》。

青海省

1998年1月　西宁市城西区人民法院少年审判庭成立。

1998年5月　西宁市中级人民法院成立具有独立建制的少年刑事案件审判庭。

1998年10月　大通县人民法院成立少年案件审判庭。

1999年11月　西宁市城中区人民法院少年家事审判庭成立。

2005年10月　西宁市中级人民法院少年庭荣获全国首批“为了明天——全国青少年自我保护教育基地”称号。

2006年　西宁市中级人民法院被最高人民法院选为“设立独立建制的未成年人案件（综合）审判庭试点单位”。

2006年1月　西宁市中级人民法院少年庭制定《审理涉及未成年人权益民事案件审判工作规范》。

2006年11月　西宁市中级人民法院少年庭制定《未成年人刑事案件审判工作规范》《少年案件（综合）审判庭工作管理制度》。

2007年1月　西宁市中级人民法院试点工作正式启动运行，探索对未成年人刑事、民事、行政案件“三审合一”审判模式。制定《审理涉及未成年人权益保护民事案件审判工作规范》《审理涉及未成年人权益保护行政案件审判工作规范》。

2007年3月　西宁市中级人民法院确定城东区人民法院、城西区人民法院作为基层试点单位。

2008年　西宁市城西区人民法院少年庭荣获“全国青少年维权岗”称号。

2010年3月　湟源县人民法院少年审判合议庭荣获全国妇联授予的“全国维护妇女儿童权益先进集体”称号。

2010年9月　西宁市中级人民法院少年庭扩大未成年人案件回访范围，针对民事侵权案件的受害未成年人进行回访。

2011年8月　西宁市中级人民法院少年庭在全省率先探索对涉案的未成年人邀请具有相应资质的心理咨询师，进行心理评估和干预。

2011年12月　西宁市中级人民法院在全省率先发布《西宁中院关于未成年人犯罪量刑指导意见（试行）》。

2013年　西宁市中级人民法院荣获“全国维护妇女儿童工作先进集体”称号。

2013年11月　西宁市中级人民法院举办“我与司法零距离”公众开放日活动。

2014 年　　大通县人民法院在刑事审判庭内设立专门审理未成年人案件的少年审判庭。

2014 年 5 月　　西宁市中级人民法院少年庭荣获“全国青少年维权岗”称号。

2015 年 2 月　　西宁市中级人民法院少年庭荣获中华全国妇女联合会授予的“全国三八红旗集体”称号。

2016 年　　西宁市城东区人民法院少年家事庭成立。

湟源县人民法院成立“少年案件审判团队”。

2017 年 10 月　　西宁市城东区人民法院成立家事审判中心。

2019 年　　西宁市城东区人民法院少年庭荣获“全国妇女维权先进集体”称号。

2019 年 3 月　　西宁市城中区人民法院少年法庭与学校签订“法治进校园”共建协议。

2019 年 11 月　　大通县人民法院设立少年家事审判庭。

2020 年　　湟源县人民法院正式挂牌成立“民事审判庭（少年家事审判庭）”。

2021 年 7 月　　西宁市中级人民法院少年庭荣获“全国青少年维权岗”称号。

2021 年 8 月　　大通县人民法院荣获“全国青少年维权岗”称号。

2021 年 12 月　西宁市湟中区人民法院成立未成年人保护工作小组。

2022 年 3 月　西宁市城中区人民法院少年法庭发出全省首份《家庭教育指导令》。

大通县人民法院发出全省首份附法官寄语的《民事调解书》。

2022 年 6 月　大通县人民法院在审理未成年人刑事案件中发出全省首份《家庭教育指导令》，在离婚纠纷案件办理过程中发出全省首份《家庭教育令》。

2022 年 8 月　湟源县人民法院少年家事审判庭荣获“人民法院少年法庭工作先进集体”称号。

西宁市城北区人民法院少年家事审判庭发出全省首份《未成年人犯罪记录封存通知书》和《离婚损害赔偿》。

2023 年 6 月　大通县人民法院“天平护蕾”预防未成年人犯罪工作室在大通七中举行揭牌仪式，这是全省首个挂牌成立的预防未成年人犯罪工作室。

大通县人民法院刑事审判庭不公开开庭审理了一起猥亵儿童案件，发出全省首份《从业禁止令》。

2023 年 12 月　全省法院共向全省三百一十四所中小学派出三百一十六名法院干警担任法治副校长。

2024 年 1 月　西宁市中级人民法院少年庭荣获“全国平安建设表现突出集体”称号。

宁夏回族自治区

1992年10月　银川市兴庆区人民法院在刑事审判庭内设立少年审判合议庭，主要审理未成年人犯罪案件。

2006年7月　银川市兴庆区人民法院在少年法庭基础上，成立少年审判合议庭领导小组。

2008年6月　吴忠市中级人民法院成立妇女未成年人维权合议庭。

银川市兴庆区人民法院增设未成年人综合审判庭，集中管辖银川市辖区范围内涉及未成年人权益保护的一审刑事、民事和行政案件。

2009年8月　宁夏回族自治区高级人民法院、检察院、公安厅联合印发《关于指定银川市兴庆区人民法院兴庆区人民检察院集中管辖银川市辖区范围内涉及未成年人犯罪刑事一审案件的通知》。

2010年2月　银川市兴庆区人民法院未成年人综合审判庭被全国妇联授予“全国维护妇女儿童权益先进集体”称号。

2011年10月　银川市兴庆区人民法院在未成年人刑事审判工作中，探索出了“五四三二一”判管结合的审判模式和“一制度四结合”的回访帮教模式，被判处缓刑的未成年罪犯无一重新犯罪。

2012年12月　宁夏回族自治区高级人民法院、检察院、公安厅联合印发《关于指定石嘴山市大武口区法院等四个基层人民法院集中管辖市辖区内涉及未成年人权益保护的一审刑事案件的通知》。

2013年2月　石嘴山市大武口区人民法院设立未成年人审判庭。

2013年3月　固原市原州区人民法院成立未成年人审判庭。

2013年5月　吴忠市中级人民法院妇女未成年人维权合议庭获“全国五一巾帼标兵岗”奖牌。

银川市兴庆区人民法院在自治区首次引入“合适成年人”参与诉讼。

2014年11月　银川市兴庆区人民法院、吴忠市利通区人民法院未成年人综合审判庭荣获“全国法院少年法庭工作先进集体”称号。

2015年5月　银川市中级人民法院成立少年法庭指导小组。

2016年6月　宁夏回族自治区高级人民法院、检察院、公安厅、团委、妇联、关工委联合印发《关于办理未成年人刑事案件开展社会调查工作的若干意见》。

宁夏回族自治区高级人民法院、检察院、公安厅联合印发《关于未成年人与成年人共同犯罪的案件分案起诉分案审理的实施办法》。

宁夏回族自治区高级人民法院、检察院、公安厅、司法厅联合印发《关于未成年人犯罪记录封存的若干意见》。

2017年1月　宁夏回族自治区高级人民法院、检察院、公安厅、司法厅印发《关于调整全区未成年人工作部门受案范围等事项的通知》。

2017年3月　银川市兴庆区人民法院、固原市原州区人民法院荣获“全国维护妇女儿童权益先进集体”称号。

2017年5月　宁夏回族自治区高级人民法院民一庭荣获“全国维护妇女儿童权益先进集体”称号。

2019年4月　宁夏回族自治区高级人民法院、区妇联联合印发《关于进一步加强宁夏妇女儿童权益司法保护工作的意见》。

2019年9月　银川市兴庆区人民法院未成年人综合审判庭与家事合议庭合并，成立少年家事审判庭。

2021年1月　宁夏回族自治区高级人民法院会同自治区检察院、监察委员会、教育厅、公安厅等部门联合印发《关于落实〈关于建立侵害未成年人案件强制报告制度的意见（试行）〉的实施细则》。

2021年7月　银川市兴庆区人民法院少年家事审判庭、固原市原州区人民法院未成年人审判庭荣获“全国青少年维权岗”称号。

宁夏回族自治区高级人民法院印发《〈关于进一步加强未成年人司法

保护工作的意见〉任务分工方案》。

石嘴山市大武口区人民法院荣获“全国青少年维权岗”称号。

2021 年 12 月　固原市中级人民法院妇女维权合议庭荣获“全国维护妇女儿童权益先进集体”称号。

2022 年 8 月　银川市兴庆区人民法院少年家事审判庭被最高人民法院评为“人民法院少年法庭工作先进集体”。

2023 年 3 月　石嘴山市中级人民法院成立未成年人审判工作领导小组。

2024 年 4 月　石嘴山市中级人民法院出台《关于加强新时代未成年人审判工作评价评估办法（试行）》和《关于加强新时代未成年人审判工作的实施办法（试行）》。

2024 年 5 月　宁夏回族自治区高级人民法院、检察院、公安厅、司法厅联合印发《关于对涉及未成年人刑事案件取消指定集中管辖的通知》。

2024 年 6 月　宁夏回族自治区高级人民法院印发《关于加强新时代未成年人审判工作的实施意见》。

新疆维吾尔自治区

1993 年 3 月　乌鲁木齐市天山区人民法院设立全疆首家少年综合审判庭，主要审理涉未成年人犯罪案件。

1994 年　乌鲁木齐市沙依巴克区人民法院设立少年审判庭，主要审理涉未成年人犯罪案件。

1995 年　乌鲁木齐市中级人民法院设立少年审判庭，系全国首批未成年人案件综合审判庭试点单位之一，负责审理涉未成年人刑事及民事案件。

1999 年 11 月　中宣部、内司委、共青团中央、教育部、司法部授予乌鲁木齐市沙依巴克区人民法院“全国保护未成年人工作先进集体”称号。

2006 年　乌鲁木齐市天山区人民法院在审理未成年被告人杨某故意伤害案时全疆首次适用社会调查员制度。

2008 年　乌鲁木齐市沙依巴克区人民法院少年审判庭在辖区各中小学校建立“关爱青少年成长教育示范基地”。

2009 年 7 月　乌鲁木齐市中级人民法院对辖区基层人民法院受理的涉少刑事、民事案件统一规范为“少刑”“少民”字号，标志着乌鲁木齐市少年审判工作转化为刑事、民事、行政“三审合一”的综合审判模式。

2010 年　　乌鲁木齐市沙依巴克区人民法院少年审判庭与团中央青少年发展中心研究室、英国救助儿童会中国项目部等部门就未成年人犯罪预防与矫治问题进行座谈。

2012 年　　新疆维吾尔自治区高级人民法院在乌鲁木齐市中级人民法院召开全疆法院少年审判工作经验交流会。

2012 年 7 月　　新疆维吾尔自治区高级人民法院发布《关于加强少年审判做好预防青少年违法犯罪工作的通知》。

2014 年 1 月　　在中央综治办、共青团中央、中国法学会共同举办的“未成年人健康成长法治保障制度创新”活动中，乌鲁木齐市中级人民法院少年审判庭荣获“未成年人健康成长法治保障”制度创新奖。

2014 年 3 月　　克拉玛依市克拉玛依区人民法院制定全疆首份《未成年人犯罪记录封存实施办法（试行）》。

阜康市人民法院制作全疆首份《犯罪记录封存决定书》（样书）。

2015 年 12 月　　乌鲁木齐市中级人民法院对辖区基层人民法院涉未成年人刑事、民事、行政案件实行集中管辖。

2016 年 9 月　　新疆维吾尔自治区高级人民法院经编办批准在研究室加挂少年审判庭牌子。

2021 年 3 月

乌鲁木齐市新市区人民法院安宁渠人民法庭和乌鲁木齐市头屯河区人民法院八钢人民法庭分别举行少年法庭揭牌仪式，是全疆首批以在人民法庭加挂牌子方式成立的少年法庭。

2022 年 1 月

克拉玛依市克拉玛依区人民法院在审理一起抚养费纠纷案件时，发出全疆首份《家庭教育令》。

2022 年 9 月

克拉玛依市克拉玛依区人民法院发出全疆首份《未成年人犯罪记录封存通知书》。

新疆生产建设兵团

2013 年 3 月　第八师石河子市人民法院刑事审判庭、未成年人犯罪合议庭荣获“全国维护妇女儿童权益先进集体”称号。

2021 年 3 月　第六师五家渠垦区人民法院、奇台垦区人民法院分别建立少年法庭。

2022 年 6 月　新疆维吾尔自治区高级人民法院生产建设兵团分院组织新疆生产建设兵团第一中学学生开展“法院开放日”暨模拟法庭活动。

2023 年 2 月　时任新疆维吾尔自治区高级人民法院生产建设兵团分院党组书记、院长陈海光向其担任法治副校长的新疆生产建设兵团第一中学学生发出《开学一封信》。

2023 年 9 月　新疆维吾尔自治区高级人民法院生产建设兵团分院党组书记、院长张永江受聘担任新疆生产建设兵团第一中学法治副校长。

2024 年 3 月　第十三师中级人民法院向第十三师红星小学、高级中学发送司法建议。

2024 年 4 月　第四师中级人民法院向第四师教育局发送司法建议。